할 수 있다!

스마트폰을 활용한
영상 촬영 편집
with 키네마스터

시대인

이 책의 구성

02 스마트폰으로 사진 편집하기

- 포토에디터 화면 구성 이해
- 사진 자르기
- 필터 적용하기
- 색조 보정하기
- 텍스트 입력하기
- AI 지우개 활용하기

미·리·보·기

▲ 보정 전   ▲ 보정 후

스마트폰으로 촬영한 사진은 갤럭시 스마트폰의 기본 앱인 '포토 에디터'나 무료나 유료 앱을 사용하여 편집할 수 있습니다. '포토 에디터'는 꾸준히 업데이트되면서 다양한 기능이 추가되고 있습니다. 이번 장에서는 포토 에디터의 사진 편집 기능과 사용법을 자세히 알아보겠습니다.

21

학습 포인트 🌱
이번 장에서 학습할 핵심 내용을 소개합니다.

미리보기 🌱
학습 결과물을 미리 살펴봅니다.

🌱 **예제 따라 하기**
실생활에서 활용할 수 있는 예제를 순서대로 따라 할 수 있도록 구성하여 누구나 쉽게 이해하고 기능을 습득할 수 있습니다.

03 이미지, 동영상 삽입하기

Step 01 타임라인에 이미지/동영상 삽입하기

01 동영상 편집을 시작하기 전에 직접 촬영한 길이가 30초 정도의 동영상과 세로 사진 1장, 가로 사진 4장 이상을 준비합니다. 갤러리 앱에서 앨범을 만들어 동영상과 사진을 넣어두세요. 교재에서는 '가을의 향기'라는 앨범을 만들어 동영상과 사진을 넣어 두었습니다.

02 이미지와 동영상을 타임라인에 삽입하기 위해 기본 편집 화면에서 [미디어]를 터치합니다.

03 이전 과정에서 만든 앨범을 터치합니다. 여기서는 '가을의 향기' 앨범을 터치합니다.

04 영상을 만들 이미지를 가로 사진 4장, 세로 사진 1장을 터치하여 타임라인에 삽입한 후 [닫기(❌)]를 터치하여 편집 화면으로 이동합니다.

54

잠깐 🌱

본문에서 다루지 못한 내용이나 알아두면
유용한 내용을 설명합니다.

🌱 **응용력 키우기** ◄

응용문제를 통해 본문에서 학습한 내용을
정리하고 복습합니다.

🌱 **힌트** ◄

응용문제를 푸는데 필요한 정보 또는 방법을
안내합니다.

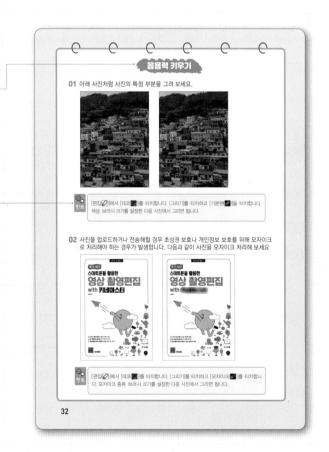

이 책의 목차

01 | 스마트폰으로 사진 및 동영상 촬영하기   6

01 카메라 앱 살펴보기   7
02 스마트폰으로 촬영하기   10
03 갤러리 앱에서 사진 관리하기   16
04 응용력 키우기   20

02 | 스마트폰으로 사진 편집하기   21

01 포토 에디터 살펴보기   22
02 사진 자르기, 필터, 보정, 텍스트 추가, AI 지우개   24
03 응용력 키우기   32

03 | 스마트폰으로 동영상 편집하기   33

01 비디오 에디터 살펴보기   34
02 비디오 에디터로 동영상 편집하기   38
03 응용력 키우기   47

04 | 키네마스터 앱 설치 및 시작하기   48

01 키네마스터 살펴보기   49
02 키네마스터 앱 설치 및 시작하기   51
03 이미지, 동영상 삽입하기   54
04 응용력 키우기   61

05 | 영상 편집하기   62

01 영상 편집 메뉴 살펴보기   63
02 영상 기본 편집 살펴보기   65
03 장면전환 효과 주기   76
04 응용력 키우기   78

06 | 음악 넣기   79

01 저작권 알아보기   80
02 배경음악/효과음 추가하기   84
03 음성 녹음해서 추가하기   94
04 응용력 키우기   96

07 | 자막/미디어 추가하기   97

01 자막과 크로마키 살펴보기   98
02 영상에 자막 추가하기   101
03 영상 속에 또 다른 영상 추가하기   108
04 응용력 키우기   113

08 | 효과/스티커 추가하기   114

01 사진과 동영상 확장자 이해하기   115
02 사진과 동영상 화려하게 꾸미기   116
03 GIF 카드 만들기   121
04 응용력 키우기   129

09 | 영상 저장 후 용량 줄이기   130

01 해상도와 영상 압축 살펴보기   131
02 편집한 동영상 저장하기   133
03 키네마스터에서 동영상 용량 줄이기   138
04 응용력 키우기   146

10 | 유튜브에 동영상 업로드하기   147

01 유튜브 알아보기   148
02 유튜브 시작하기   149
03 유튜브에 동영상 업로드하고 공유하기   152
04 응용력 키우기   159

01 스마트폰으로 사진 및 동영상 촬영하기

- 카메라 앱 살펴보기
- 사진 촬영하기
- 셀카 촬영하기
- 여러 가지 모드로 촬영하기
- 동영상 촬영하기
- 갤러리 앱에서 사진 관리하기

미/리/보/기

◀ 슬로우모션 촬영

◀ 파노라마 촬영

기본 사진 촬영과 촬영 화면의 설정 및 편리한 기능을 이해하고 다양한 모드로 촬영해 보겠습니다. 또한, 촬영한 사진의 보기 방식, 삭제와 복원하는 방법 등 갤러리 앱에서 촬영한 사진을 관리하는 방법을 살펴보겠습니다.

01 카메라 앱 살펴보기

스마트폰의 카메라 앱은 전면 카메라와 후면 카메라로 구성되어 있으며, 전면/후면 카메라의 전환 및 모드에 따라 촬영 화면에 나타나는 항목이 다릅니다. 스마트폰 모델에 따라 카메라 앱의 촬영 모드나 설정은 조금씩 다를 수 있습니다.

▶ 카메라 앱의 화면 구성

❶ **카메라 설정** : 카메라와 촬영 및 각종 기능을 설정합니다. 촬영 모드에 따라 일부 설정 항목은 지원되지 않을 수 있습니다.

❷ **플래시** : 플래시를 켜거나 끕니다(꺼짐/자동/강제발광).

❸ **타이머** : 자동으로 촬영되는 시간(2초/5초/10초)을 설정합니다.

❹ **화면 비율** : 사진의 비율을 1:1, 3:4, 9:16, Full 등으로 설정합니다. 동영상 촬영 후 편집을 하기 위해서는 재생되는 미디어 기기를 고려하여 9:16 비율의 가로로 촬영해야 '화면 채우기' 재생이 됩니다.

❺ **해상도** : 카메라의 화소수를 의미하며 50M은 5000만 화소, 12M은 1200만 화소입니다.

❻ **모션 포토** : 사진을 찍기 전의 상황을 저장하는 기능이며 3초 동안 연속으로 촬영된 사진을 재생 중 원하는 부분을 정지시켜서 사진으로 저장합니다.

❼ **보정** : 촬영을 하기 전에 다양한 필터를 적용하거나 피부톤 또는 얼굴 형태를 보정할 수 있습니다. 필터, 얼굴 뷰티 기능이 있습니다.

❽ **줌** : 전면/후면 카메라에 따라 촬영 모드가 다르며, 렌즈의 개수에 따라 모드가 다르게 나타날 수 있습니다. 0.6은 초광각 카메라를 이용해 넓은 화각으로 촬영하고 1은 광각 카메라를 이용해 일반적인 촬영을 합니다. 3은 망원 카메라를 이용해 멀리 있는 피사체를 확대하여 촬영합니다.

❾ **촬영 모드** : 인물 사진, 사진, 동영상과 [더보기]를 터치하면 다양한 촬영 모드가 있습니다.

❿ **미리보기 섬네일** : 촬영한 사진을 확인합니다.

⓫ **촬영 버튼** : 터치하여 사진을 촬영합니다.

⓬ **카메라 전환** : 터치하면 전면 카메라와 후면 카메라가 전환됩니다. 또는 스마트폰 화면을 위 또는 아래로 밀면 전면 카메라와 후면 카메라를 빠르게 전환할 수 있습니다.

잠깐 촬영 화면의 비율을 비교해 보면 다음과 같습니다.

▶ 동영상 촬영 화면의 구성

 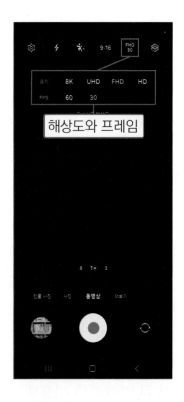

해상도와 프레임

❶ 슈퍼스테디 기능 : 역동적인 상황에서 사용할 수 있는 액션캠 기능입니다. 예를 들어, 빠른 속도로 달리기를 할 때 흔들림 없는 동영상 촬영이 가능합니다.

❷ 촬영 화면 비율 : 9:16, 1:1, Full 등이 있습니다.

❸ 동영상 촬영 해상도 : 8K, UHD 60, UHD 30, FHD 60, FHD 30, HD 30 등 있으며, 뒷부분의 숫자는 1초당 프레임 수이고 숫자가 높을수록 부드럽게 촬영됩니다. 해상도가 높고 프레임 수가 높을수록 녹화된 영상의 용량은 커집니다

카메라 촬영 모드에서 [더보기]를 터치하면 다양한 촬영 모드가 나타납니다.

❶ **프로/프로 동영상** : ISO 감도, 노출값 등을 설정해 촬영합니다.

❷ **야간** : 빛이 적은 환경에서 플래시 없이 촬영합니다.

❸ **음식** : 음식을 더 선명하게 촬영합니다.

❹ **파노라마** : 넓은 범위의 장면을 한 장의 프레임에 담는 기법입니다.

❺ **슬로우모션** : 실제보다 느리게 움직이는 영상으로 촬영합니다.

❻ **하이퍼랩스** : 지나가는 사람이나 자동차의 움직임과 같은 장면을 실제보다 빠르게 움직이는 역동적인 영상으로 담아냅니다.

❼ **인물 사진/인물 동영상** : 배경이 흐리고 피사체가 선명하게 돋보이는 사진 및 동영상을 촬영합니다. 블러, 스튜디오, 하이키 모노, 컬러배경 등의 효과를 넣을 수 있습니다.

❽ **듀얼 레코딩** : 전면 카메라와 후면 카메라를 동시에 사용하여 영상을 촬영합니다.

❾ **싱글테이크** : 한 번에 다양한 사진과 동영상을 촬영합니다.

❿ **AR 존** : 현실의 이미지나 배경에 3차원 가상 이미지를 겹쳐서 하나의 영상으로 보여주는 증강현실 기술로 이모지를 만들거나 캐릭터 이모지를 선택해 사진과 동영상을 촬영합니다.

 더보기 옆의 ➕를 터치한 후 자주 사용하는 촬영 모드를 아래쪽으로 끌어당겨 추가해 두면 편리합니다.

스마트폰으로 촬영하기

▶ 카메라 앱을 실행해 촬영하기

01 스마트폰이 흔들리지 않도록 왼손으로 카메라를 받칩니다. 오른손 중지와 약지를 스마트폰 뒷부분에 붙이고 엄지는 촬영 버튼에 가져다 놓습니다.

▲ 가로 촬영 시 잡는 법

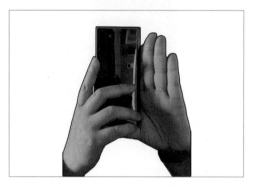
▲ 세로 촬영 시 잡는 법

02 수평과 수직이 맞는 사진을 촬영하기 위해 촬영 화면 상단의 **[카메라 설정(⚙)]을 터치**하고 **[수직/수평 안내선]을 활성화**하면 촬영 화면에 격자무늬가 나타납니다.

10

03 피사체를 확대하거나 축소하려면 촬영 화면 아래 [**줌 모드** .6 1x 3]를 **터치**하여 촬영합니다.

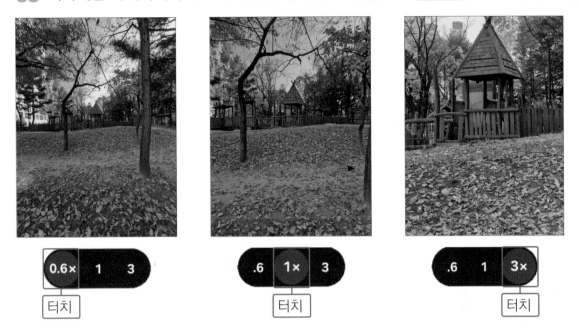

두 손가락으로 촬영 화면을 오므리면 더 넓은 장면을 촬영할 수 있습니다.

04 화면의 밝기를 조정해야 할 때는 **촬영 화면을 살짝 터치**하면 밝기 조절 버튼이 나타납니다.
오른쪽으로 화면을 살짝 밀면 밝아집니다.

스와이프
터치스크린에 손가락을 댄 상태로 화면을 쓸어 넘기거나 손가락을 떼지 않고 정보를 입력하는 동작을 말합니다.

05 [촬영 버튼]을 터치하여 촬영합니다.

 잠깐
- 촬영 버튼을 아래쪽으로 당기면 고속 연속 촬영이 됩니다.
- 촬영 모드에서 촬영 버튼을 길게 터치하면 바로 동영상 촬영이 되고 손을 떼면 종료됩니다.

잠깐
사진을 촬영한 후 [미리보기 섬네일]을 터치하면 사진을 확인할 수 있고 편집, AI 생성, 공유, 삭제도 할 수 있습니다.

- **편집** : 사진이나 동영상을 자를 수 있고 보정, 텍스트 입력 등을 합니다.
- **공유** : 촬영한 사진을 다른 앱을 통해 전달합니다.
- **AI 생성** : 사람과 사물의 위치를 이동, 삭제 또는 크기를 변경하고 이때 생기는 빈 배경을 채워 이미지를 생성해 줍니다.(갤럭시 S23 이상 기종에 해당)
- **AI 생성이 없는 기종은 ⓘ가 표시되며 사진 상세 정보를 볼 수 있습니다.

▶ 파노라마 모드로 촬영하기

01 파노라마 모드는 풍경 사진처럼 넓은 범위를 촬영할 때 주로 이용합니다. **카메라 앱을 실행**하고 **촬영 모드에서 [더보기]를 터치**한 후 **[파노라마]를 터치**합니다.

파노라마 모드에서는 촬영 화면이 안내선 밖으로 벗어나거나 카메라 움직임이 멈추면 자동으로 촬영이 종료되고, 사진 촬영 각도가 넓을수록 굴곡현상이 발생합니다.

02 화면 중앙에 좌우로 홑화살괄호가 있는 사각형이 나타나면 **[촬영(◯)] 버튼을 터치**하고 카메라를 한쪽으로 천천히 움직여 촬영한 후 **[종료(◼)] 버튼을 터치**합니다.

◀ 일반 촬영

▲ 파노라마 촬영

▶ 인물 사진/인물 동영상 촬영하기

01 배경은 흐릿하며 인물이 선명하게 보이도록 촬영해 보겠습니다. **카메라 앱의 촬영 모드에**
서 [인물 사진] 또는 [인물 동영상]을 터치한 후 **[배경 효과]를 터치**합니다. 배경 효과 목록 중
에 **[블러(◉)] 또는 [컬러배경(◉)]을 터치**하고 **[효과 강도]를 스와이프로 조정**한 후 **[촬영(◉)]**
버튼을 터치해 촬영합니다.

 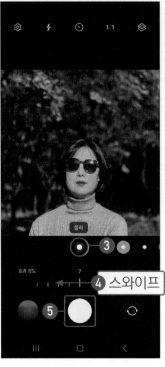 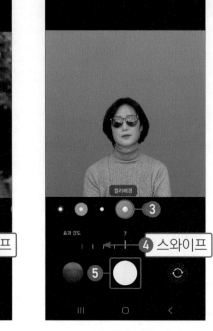

▲ 블러 적용 사진   ▲ 컬러 배경 적용 사진

▶ 손바닥 내밀어 셀카 촬영하기

01 카메라 앱의 **[카메라 전환(◉)] 버튼을 터치**합니다. 자신의 모
습을 비춘 후 카메라를 잡지 않은 손으로 손바닥을 펴 카메
라에 비추면 타이머가 시작됩니다. 손을 내리고 기다리면 자
동으로 촬영됩니다.

손바닥을 펼쳐서 카메라에
비춘 후 내리기

잠깐

- 셀카 촬영은 '스마일', '하이 빅스비 셀카 찍어줘', '헤이 구글 셀카 찍
  어줘' 등 음성 명령을 이용할 수 있습니다.
- 셀카를 찍을 때는 팔을 뻗어 카메라를 살짝 얼굴 위쪽에서 아래를 향
  하게 하고 빛이나 조명의 방향에 따라 좋은 각도를 찾습니다.
- 손바닥을 내밀어 셀카를 찍는 방법은 단체 사진을 촬영할 때 편리합니다.

01 촬영 모드에서 **동영상을 터치**한 후 **[촬영(●)] 버튼을 터치**해 촬영을 시작합니다.

 잠깐
- 풍경 등 넓은 범위를 촬영할 경우 가로 촬영이 적합합니다.
- 동영상 촬영 중 화면을 전면/후면 카메라로 전환하려면 촬영 화면을 위 또는 아래로 밀거나 ◉를 터치합니다.

02 촬영 중인 화면을 두 손가락을 이용해 밖으로 밀면 확대 촬영이 되고 반대로 화면을 두 손가락으로 오므리면 더 넓은 장면을 촬영할 수 있습니다. **[종료(■)] 버튼을 터치**해 촬영을 종료합니다.

Step 01 갤러리 앱에서 사진 보기

01 갤러리 앱을 실행한 후 **[사진]**을 **터치**하면 최근 사진부터 날짜별로 보입니다. **[앨범]**을 **터치**하면 직접 촬영한 카메라 앨범, 앱 설치 후 생성된 앨범, 내가 만든 앨범별로 보입니다. 주요 앨범만 보일 경우 **[모두 보기]**를 **터치**하면 모든 앨범을 볼 수 있습니다.

02 하단의 ☰를 **터치**하면 [동영상], [즐겨찾기], [위치] 등을 선택하여 사진을 볼 수 있습니다.

사진 보기 방식

- **스토리** : 갤러리 앱의 설정에서 활성화하면 날짜, 위치 등에 따라 자동으로 사진 및 동영상을 분류해서 스토리를 만들어 줍니다.
- **동영상** : 스마트폰에 저장된 동영상만 보입니다.
- **즐겨찾기** : 즐겨찾기를 추가한 사진만 보입니다. 추가하는 방법은 촬영된 사진 하단의 [♡]를 터치하면 ♥로 변경되고 즐겨찾기에 추가됩니다.
- **위치** : 사진을 촬영한 위치별로 보입니다.
- **휴지통** : 사진이나 동영상을 삭제하면 휴지통에 보관됩니다.
- **설정** : [휴지통 사용 여부], [스토리 자동으로 만들기] 등 갤러리 앱을 설정합니다.

터치해 즐겨찾기에 추가 ♥

Step 02 갤러리 앱에서 앨범 만들기

01 갤러리 앱에서 [앨범]을 터치하고 상단에 [+]를 터치한 후 [앨범]를 터치합니다.

앨범 화면 상단에 [+]가 없는 경우 더보기(⋮)를 터치한 후 앨범 만들기를 터치하면 됩니다.

02 앨범 만들기 창에 **앨범 이름을 '일본여행'으로 입력**하고 **[추가]를 터치**하여 만들어진 앨범을 확인합니다.

03 '일본여행' 앨범으로 **옮길 사진 하나를 길게 터치**한 후 선택 화면이 나타나면 다른 사진도 터치하여 선택합니다. **[더보기(⋮)]를 터치**한 후 **[앨범으로 이동]을 터치**합니다. 앨범 선택 화면에서 **'일본여행' 앨범을 터치**하면 이동이 됩니다.

> **잠깐** [앨범으로 복사]를 선택하면 기존 사진은 그대로 유지되고 만든 앨범에 사진이 복사됩니다. 사진이나 동영상 편집을 할 때 앨범을 만들어 복사해 두면 편리하고 작업 후 삭제도 가능합니다.

Step 03 사진 삭제 및 복원하기

01 갤러리 앱에서 **삭제할 사진이나 동영상을 길게 터치**한 후 **[삭제]를 터치**합니다. '이미지를 휴지통으로 이동할까요?'에서 **[휴지통으로 이동]을 터치**하면 사진이 삭제됩니다.

02 휴지통에 보관된 사진을 확인하려면 갤러리 앱에서 **[≡]를 터치**하고 **[휴지통]을 터치**합니다. **복구할 사진을 길게 터치**한 후 복원한 사진들을 선택하고 **[복원]을 터치**합니다.

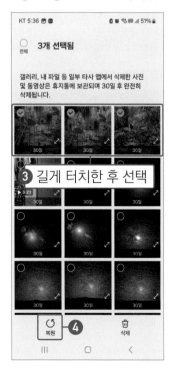

 잠깐 삭제한 사진이나 동영상은 휴지통에 30일간 보관된 후 자동으로 삭제됩니다.

01 눈이나 비가 오는 날, 폭포에서 떨지는 물줄기 등을 카메라 앱의 슬로우모션 모드로 촬영해 봅니다.

02 카메라 앱의 동영상 모드에서 동영상을 촬영합니다. 이때 촬영 화면을 줌 인/아웃 하면서 촬영해 봅니다.

 # 스마트폰으로 사진 편집하기

- 포토 에디터 화면 구성 이해
- 사진 자르기
- 필터 적용하기
- 색조 보정하기
- 텍스트 입력하기
- AI 지우개 활용하기

미/리/보/기

▲ 보정 전

▲ 보정 후

스마트폰으로 촬영한 사진은 갤럭시 스마트폰의 기본 앱인 '포토 에디터'나 무료/유료 앱을 사용하여 편집할 수 있습니다. '포토 에디터'는 꾸준히 업데이트되면서 다양한 기능이 추가되고 있습니다. 이번 장에서는 포토 에디터의 사진 편집 기능과 사용법을 자세히 알아보겠습니다.

01 포토 에디터 살펴보기

Step 01 포토 에디터의 화면 구성과 기능 알아보기

포토 에디터는 갤럭시 스마트폰의 기본 사진 편집 앱입니다. 갤러리 앱을 실행하고 편집할 사진을 선택한 후 하단의 [편집(✎)]을 터치합니다. 자르기, 필터, 색조, 데코 등의 메뉴가 나타나는데 각각의 기능을 살펴보겠습니다.

❶ **자르기**

　❶ **화면 크기 조절점** : 사진 모서리의 조절점을 스와이프하면 크기가 조절됩니다.

　❷ **좌우 뒤집기** : 사진의 좌우대칭이 바뀝니다.

　❸ **회전** : 시계 반대 방향으로 90°씩 회전합니다.

　❹ **자르기 화면비율 변경** : 자유롭게 자를 수 있는 [Free]와 1:1, 3:4, 9:16, Full로 비율을 지정하여 자릅니다.

　❺ **기울기/수평/수직 조절** : 기울기/수평/수직을 조절합니다.

　❻ **조절바** : 스와이프하여 기울기/수평/수직 등의 수치를 조절합니다.

❷ **필터** : 사진에 다양한 색과 분위기를 적용할 수 있습니다.

❸ **색조** : 사진에 밝기와 노출, 대비, 하이라이트, 채도, 색온도, 선명도 등을 조절할 수 있습니다.

❹ **데코**

　❶ **그리기** : 연필, 형광펜, 모자이크, 지우개 도구가 있으며, 도구를 선택한 후 색이나 브러시 크기를 변경하여 사진에 그립니다.

　❷ **스티커** : 사진에 스티커를 삽입합니다.

　❸ **텍스트** : 텍스트를 입력합니다.

▲ 필터

▲ 색조

▲ 데코

❺ 편집 더보기(⌗)

❶ AI 지우개 : 사진에서 그림자 및 반사된 빛 또는 물체를 자동으로 지울 수 있습니다.

❷ 영역 자르기 : 사진에 남겨둘 대상을 선택하거나 테두리를 따라 그려서 필요한 영역만 자를 수 있습니다.

❸ 부분 색칠 : 사진을 흑백 처리한 후 컬러로 복원하고 싶은 부분을 터치하거나 문지릅니다.

❹ 색상 조정 : 색조, 채도, 밝기를 조정합니다.

❻ 더보기(⋮)

❶ 다른 파일로 저장 : 원본 사진은 그대로 두고 다른 파일로 저장합니다.

❷ 크기 변경 : 이미지의 크기를 변경할 수 있습니다.

❸ 설정 : 포토 에디터 정보를 확인하고 업데이트할 수 있습니다.

잠깐

스마트폰 모델에 따라 [포토 에디터] 버전이 다르므로 사진을 편집하는 메뉴가 다를 수 있습니다.

Step 01 사진 자르기

01 갤러리 앱을 실행하고 편집할 사진을 선택합니다. 하단의 [편집(✐)]을 터치하면 [자르기 ▣] 화면이 나타납니다.

02 원본 사진이 오른쪽으로 기울어 져 있어 [기울기 조절]에서 조절바 를 오른쪽으로 스와이프하여 수평 을 조절합니다. 사진의 크기를 조 절하기 위해 모서리의 [┌] 모양을 원하는 부분까지 스와이프해서 불 필요한 부분을 잘라냅니다.

03 사진을 좌우로 뒤집기 위해 [좌우 뒤집기(◀▶)]를 터치한 후 좌우가 바뀐 것을 확인합니다.

04 사진을 저장하기 위해 [더보기(⋮)]를 터치한 후 [다른 파일로 저장]을 터치합니다. 갤러리 앱을 실행해 원본 사진과 편집한 사진이 있는 것을 확인합니다.

• **원본 복원** : 사진을 편집한 내용을 지우고 원본으로 되돌립니다.
• **저장** : 갤러리에 저장된 원본 사진에 덮어쓰기를 하여 저장합니다. 원본으로 복원하려면 편집된 사진을 다시 불러와 [편집(✐)]에서 [원본 복원]을 터치하면 편집 전의 원본 사진으로 복원됩니다.
• ↩ ↪ : 작업한 내용을 [되돌리기], [다시 실행] 할 수 있습니다.

• 작업을 끝내지 않은 상태에서 네비게이션바의 [<]를 터치하면 '변경 사항을 저장할까요?' [취소/저장 안 함/저장]이 나타날 때 [저장]을 터치할 경우 원본에 덮어쓰기가 되어 저장됩니다. 잘못 눌렀을 경우 [취소]를 터치하면 편집 화면으로 돌아옵니다.

01 갤러리 앱에서 편집할 사진을 선택한 후 하단의 [편집(✐)]을 터치합니다. 편집 화면에서 [필터(⊛)]를 터치합니다.

02 필터 목록을 스와이프하여 [흑백]을 터치하고 조절바를 스와이프하여 강도를 설정합니다. 사진을 저장하기 위해 [더보기(⋮)]를 터치한 후 [다른 파일로 저장]을 터치합니다.

01 갤러리 앱에서 **편집할 사진을 선택**한 후 하단의 **[편집(✏️)]**을 **터치**합니다. 편집 화면에서 **[색조(◉)]**를 **터치**합니다.

02 색조 화면에서 **[밝기]**를 **터치**하고 **조절바를 스와이프**하여 [강도]를 조절합니다. 사진을 저장하기 위해 **[더보기(⋮)]**를 **터치**한 후 **[다른 파일로 저장]**을 **터치**합니다.

01 갤러리 앱에서 편집할 사진을 선택한 후 하단의 [편집(✏)]을 터치합니다. 편집 화면에서 [데코(😊)]를 터치하고 [텍스트]를 터치합니다.

02 커서가 나타나면 '파란하늘 아래서...'라고 **텍스트를 입력**합니다. [글자 배경(T)]을 터치한 후 글자 속성 중 하나를 선택하고 [완료]를 터치합니다.

입력된 텍스트는 [정렬], [글꼴 및 속성], [글자 색]을 변경할 수 있으며 [글자 배경]은 터치할 때마다 [글자], [글자에 배경색], [글자에 반투명 배경색]으로 변경됩니다.

03 입력한 텍스트가 사진의 정중앙에 나타나면 **원하는 위치로 스와이프**하여 이동한 후 **조절점을 스와이프**하면 크기가 조절됩니다. **[더보기(⋮)]**를 터치한 후 **[다른 파일로 저장]**을 터치해 사진을 저장합니다.

Step 05 AI 지우개 활용하기

01 갤러리 앱에서 **편집할 사진을 선택**한 후 하단의 **[편집(✎)]**을 터치합니다. 편집 화면에서 **[편집 더보기(▦)]**를 터치하고 **[AI 지우개(◉)]**를 터치합니다.

02 '지우려는 대상을 선택하거나 테두리를 따라 그리세요.' 메시지가 나타나면 직접 **손가락으로 그려서 영역을 지정**하면 대상이 선택됩니다. 사진 아래 **[지우기]**를 터치합니다.

03 지우려는 부분이 자연스럽게 채우기가 된 것을 확인 다음 **[완료]**를 **터치**하면 이전 화면으로 이동합니다. 상단의 **[더보기(⋮)]**를 **터치**한 다음 **[다른 파일로 저장]**을 **터치**합니다.

- **그림자 지우기** : 촬영한 사진의 그림자를 지워주고 역광으로 인한 어두운 그림자도 지워줍니다.
- **빛 반사 지우기** : 유리나 유광플라스틱 등에서 발생하는 빛 반사를 사라지게 해줍니다.

01 아래 사진처럼 사진의 특정 부분을 그려 보세요.

힌트

[편집(✏)]에서 [데코(😊)]를 터치합니다. [그리기]를 터치하고 [기본펜(✏)]을 터치합니다. 색상, 브러시 크기를 설정한 다음 사진에서 그리면 됩니다.

02 사진을 업로드하거나 전송해할 경우 초상권 보호나 개인정보 보호를 위해 모자이크로 처리해야 하는 경우가 발생합니다. 다음과 같이 사진을 모자이크 처리해 보세요

힌트

[편집(✏)]에서 [데코(😊)]를 터치합니다. [그리기]를 터치하고 [모자이크(✏)]를 터치합니다. 모자이크 종류, 브러시 크기를 설정한 다음 사진에서 그리면 됩니다.

03 스마트폰으로 동영상 편집하기

- 비디오 에디터 화면 구성 살펴보기
- 동영상 길이 및 화면 자르기
- 영상 보정하기
- 텍스트 삽입하기
- 영화 만들기

미/리/보/기

갤럭시 스마트폰의 기본 동영상 편집 앱인 '비디오 에디터'로도 영상의 길이와 화면 자르기, 필터, 밝기 조정, 텍스트 삽입 등의 간단한 영상 편집을 할 수 있습니다. 그리고 여행지나 일상에서 찍은 동영상을 비디오 에디터를 사용해 짧은 영화 만들기도 가능합니다. 이번 장에서는 비디오 에디터의 동영상 편집 기능과 사용법을 알아보겠습니다.

01 비디오 에디터 살펴보기

전문적인 편집 앱을 사용하지 않아도 갤럭시 스마트폰의 기본 동영상 편집 앱인 '비디오 에디터'로 영상의 길이와 화면을 자를 수 있고, 밝기 조정이나 텍스트 입력 등 간단한 편집을 할 수 있습니다. [비디오 에디터]는 갤럭시 UI 6.0 업데이트 이후 갤러리 앱에 [스튜디오] 기능이 새롭게 추가되면서 프로젝트 기반의 새로운 비디오 에디터로서 더욱 정교한 편집 기능을 지원합니다.

기능을 살펴보면 전체 프로젝트를 여러 동영상 클립이 포함된 타임라인에서 볼 수 있으며 레이어 편집 구조로 되어 있어 동영상 클립, 스티커, 자막 등을 원하는 위치에 간편하게 추가하거나 이동시킬 수 있고, 길이도 쉽게 조절할 수 있습니다.

Step 01 비디오 에디터 화면 구성 알아보기

갤러리 앱을 실행하고 편집하고자 하는 동영상을 선택합니다.

❶ 재생/정지 : 영상을 재생하거나 정지합니다.

❷ 재생 시간/전체 영상 시간 : 현재 재생 시간과 전체 영상의 시간이 표시됩니다.

❸ 사진 캡처 : 캡처한 사진은 갤러리 앱의 [동영상 캡처] 앨범에서 확인할 수 있습니다.

❹ 음량 음소거/재생 : 기본값은 음소거 상태입니다.

❺ 편집 : 동영상 편집 화면으로 이동합니다.

Step 02 동영상 편집 화면 알아보기

동영상 편집 화면 하단에 다음과 같은 메뉴가 있습니다. 각각의 기능을 살펴보겠습니다.

❶ 길이 자르기   ❷ 화면 자르기

❸ 필터   ❹ 색조

❺ 데코   ❻ 음량 조절/배경음악 추가

❼ 더보기

❶ 길이 자르기

① **재생/정지** : 동영상을 재생하거나 정지합니다.

② **재생 시간/전체 영상 시간** : 현재까지 재생된 시간과 전체 영상의 재생 시간이 표시됩니다.

③ **속도 조절** : 재생 속도를 1/4배속, 1/2배속, 1배속, 2배속으로 설정합니다.

④ **길이 조절바** : 조절바가 시작과 끝부분에 나타나며 스와이프하면 영상의 길이가 조절됩니다.

⑤ **재생 마커** : 현재 재생되고 있는 부분을 표시하며, 사용자가 해당 바를 스와이프해서 보고 싶은 장면으로 빠르게 이동합니다.

❷ 화면 자르기

① **화면 크기 조절점** : 조절점을 스와이프하여 화면 크기를 조절합니다.

② **좌우 뒤집기** : 동영상의 좌우 대칭이 바뀝니다.

③ **회전** : 시계 반대 방향으로 90°씩 회전합니다.

④ **화면 비율 변경** : [세로 방향], [가로 방향]을 먼저 선택하고 자유롭게 자르는 [Free], 비율을 지정하는 [1:1], [3:4], [9:16], [Full] 비율을 지정해서 자를 수 있습니다.

⑤ **기울기/수평/수직 조절** : 기울기/수평/수직을 조절합니다.

⑥ **조절바** : 스와이프하여 기울기/수평/수직 등의 수치(값)를 조절합니다.

❸ **필터** : 동영상에 다양한 색과 분
위기를 적용합니다.

❹ **색조** : 동영상에 밝기와 노출, 대
비, 하이라이트, 그림자, 채도,
색온도, 선명도 등을 조절합니
다.

▲ 필터   ▲ 조정

❺ **데코**

① **그리기** : 연필, 형광펜, 모자이크, 지우개 도구가 있으며,
도구를 선택한 후 동영상 화면에서 그리면 됩니다.

② **스티커** : 동영상에 스티커를 삽입합니다.

③ **텍스트** : 텍스트를 입력합니다.

36

❻ 음량 조절/배경음악 추가

   ❶ 배경음악 추가 : 동영상에 배경음악을 추가합니다.

   ❷ 동영상 음량 : 동영상의 음량을 소거하거나 볼륨을 조절합니다.

❼ 더보기(⋮)

   ❶ 다른 파일로 저장 : 원본 동영상은 유지하면서 다른 파일로 저장하여 새 파일을 만듭니다.

   ❷ 크기 및 형식 : 이미지의 해상도를 변경하거나 동영상 형식을 변환합니다.

02 비디오 에디터로 동영상 편집하기

01 편집할 **동영상을 선택**한 후 [편집(⌀)]을 **터치**해 동영상 편집 화면으로 이동합니다. [**길이 자르기(✂)**]를 **터치**한 후 **길이 조절바를 스와이프**하여 필요 없는 부분은 잘라내고 원하는 부분만 남깁니다. 선명하게 보이는 부분이 저장되는 부분입니다.

02 화면 크기 조절을 위해 [**화면 자르기(⊡)**]를 **터치**한 후 [**Free(Free)**]를 **터치**합니다. 자유롭게 자를 수도 있지만 비율 유지를 위해 [**16:9**]를 **선택**한 다음 **화면 크기 조절점을 스와이프**합니다.

03 편집한 영상을 저장하기 위해 **[더보기(⋮)]를 터치**하고 **[다른 파일로 저장]을 터치**합니다. 저
장된 동영상은 갤러리 앱의 기존 앨범에서 확인할 수 있습니다.

Step 02 영상 보정하기

01 편집할 동영상을 선택한 후 동영상 편집 화면에서 **[필터(◎)]를 터치**합니다. **[비네팅] 필터
를 터치**한 후 하단의 **강도 조절바를 스와이프**하여 강도를 설정합니다. 영상의 가장자리가
어두워진 것을 확인합니다.

 비네팅 : 영상의 가장자리를 어둡게
만들어서 영상의 중앙 부분이 더 두
드러지게 하는 효과입니다.

02 편집 화면에서 [색조(⊚)]을 터치합니다. [색온도]를 터치한 후 하단의 **강도 조절바를 스와이프**하여 색온도를 조절합니다. 붉은색이 더 짙어진 것을 확인합니다.

03 편집한 영상을 저장하기 위해 [더보기(⋮)]를 터치하고 [다른 파일로 저장]을 터치합니다.

01 편집하고자 하는 **동영상을 선택**한 후 동영상 편집 화면에서 [데코(😊)]를 **터치**한 다음 [**텍스트**]를 **터치**합니다.

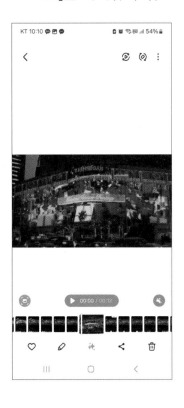

02 텍스트 입력 커서가 나타나면 **영상에 추가할 텍스트를 입력**합니다. 여기서는 '미디어파사드'라고 입력하고 [**완료**]를 **터치**합니다.

41

03 입력한 **텍스트를 스와이프하여 상단 왼쪽으로 이동**시킵니다. 그리고 하단의 노란색 영역이 텍스트가 영상에서 재생되는 구간으로 **시작 시점과 종료 시점을 스와이프**하여 원하는 구간에 텍스트가 나타나도록 합니다.

04 편집한 영상을 저장하기 위해 **[더보기(⋮)]를 터치**하고 **[다른 파일로 저장]을 터치**합니다.

01 갤러리 앱에서 만들고 싶은 **동영상이나 사진을 길게 터치하여 선택**한 후 더 추가할 동영상이나 사진을 **터치하여 선택**합니다. 하단의 **[만들기]**를 **터치**한 다음 **[영화]**를 **터치**합니다.

02 클립과 클립 사이에 전환 효과를 주기 위해 **[ⓘ]**를 **터치**하고 **[전체]**를 선택한 후 **[페이드]** 효과를 **터치**합니다. 전환 효과가 모두 적용된 후 **[재생(▶)]**을 **터치**하여 확인합니다.

 영상 작업을 할 때 이미지나 동영상 하나하나를 [클립]이라고 합니다. 추가로 삽입할 클립은 [+]를 터치하면 됩니다.

03 타이틀이나 자막을 삽입하기 위해 **[T]**를 터치합니다. 커서가 나타나면 **[글자 속성]**과 **[글자 색]**을 선택한 후 '일본여행'을 입력하고 **[적용]**를 터치합니다. 정중앙에 글자가 나타나면 **스와 이프하여 크기를 조절**하면 됩니다.

04 영상에 배경음악을 추가하기 위해 **[배경음악(♪)]**을 터치한 후 **[사운드트랙]**을 터치합니다. 어울리는 음악을 선택한 후 **[완료]**를 터치하면 삽입됩니다.

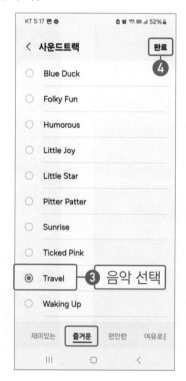

 내 음악 : 스마트폰에 저장된 음악 파일입니다.

44

05 삽입된 배경음악이 영상의 길이보다 길 경우, 영상의 끝나는 지점으로 스와이프하여 이동한 후 배경음악을 터치하고 상단에 **[오른쪽 자르기(⊩)]**를 터치하면 뒷부분이 잘립니다.

 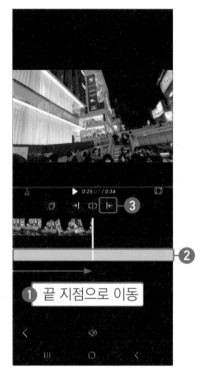 

06 완성된 영상을 저장하기 위해 **[완료]를 터치**한 후 **[영화 저장]을 터치**하면 저장됩니다. 이렇게 저장된 동영상은 갤러리 앱의 [비디오 에디터] 또는 [스튜디오] 앨범에서 확인할 수 있습니다.

 잠깐

저장 화면 상단에 [⋮]를 터치하면 다음과 같은 메뉴가 나타납니다.

- **이름 변경** : 저장할 파일의 이름을 변경합니다.
- **크기 및 형식** : 영상의 해상도를 지정할 수 있습니다.
- **프로젝트 내보내기** : 영상 작업 내역을 저장합니다. 저장한 작업 내역을 이어서 편집하거나 변경할 수 있습니다.

잠깐

교재는 갤러리 앱에서 편집할 사진과 동영상을 먼저 선택한 다음, [만들기]–[영화] 메뉴를 이용하여 편집하는 방법을 설명하고 있습니다. 다른 방법으로 갤러리 앱 화면 하단의 [☰]를 터치한 후 [스튜디오로 이동]을 선택하고 [새 프로젝트 시작]을 터치한 다음 사진과 동영상을 추가해 만드는 방법도 있습니다. [스튜디오]에 있는 파일은 [프로젝트 내보내기]를 진행한 프로젝트들이 나타납니다.

 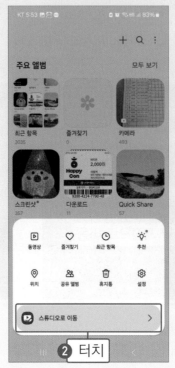 

01 갤러리 앱에서 촬영해 놓은 동영상을 원하는 촬영 부분만 자르기 해보세요.

• [편집(✐)] – [길이 자르기(✂)]를 터치한 후 [길이 조절바]를 스와이프합니다.

02 동영상에 타이틀이나 자막을 텍스트로 입력한 후 자막 위치를 이동하고 자막의 시작점과 길이를 조절해 보세요.

• [편집(✐)] – [데코(☺)] – [텍스트]를 터치한 후 [글꼴(Aa)], [글자 배경(T)]을 터치합니다. 텍스트 위치를 이동한 후 시작점과 끝점을 조절합니다.

04 키네마스터 앱 설치 및 시작하기

- 키네마스터의 화면 구성 살펴보기
- 키네마스터 앱 설치 및 시작하기
- 타임라인에 이미지, 동영상 삽입하기
- 동영상 추가/이동/교체/삭제하기

미/리/보/기

동영상 편집 앱인 키네마스터를 설치하고 화면 구성을 살펴보겠습니다. 직접 촬영한 사진과 동영상을 준비한 후 키네마스터에서 이미지와 동영상을 삽입하고 순서를 바꿔보는 등 기본적인 사용법을 알아보겠습니다.

01 키네마스터 살펴보기

Step 01 키네마스터란?

키네마스터(KineMaster)는 동영상 편집 앱으로 초보자도 쉽게 배울 수 있고 높은 퀄리티의 영상을 스마트폰에서 손쉽게 만들 수 있습니다.

키네마스터는 기본적으로 무료로 사용할 수 있지만, 프리미엄 기능을 사용하려면 연간 또는 월간 구독료를 결제해야 합니다. 무료 버전에서는 몇 가지 기능 제한이 있으며, 광고를 시청해야 하고 영상에 워터마크가 표시되는 단점이 있습니다.

키네마스터는 음악, 글꼴, 스티커, 장면전환, 이미지, 비디오 등 다양한 무료 에셋을 제공하여 사용자들이 손쉽게 추가하여 영상 편집을 풍부하고 창의적으로 만들 수 있는 장점이 있습니다.

Step 02 키네마스터의 화면 구성 살펴보기

키네마스터의 기본 편집 화면은 다음과 같습니다.

❶ **미리보기 창** : 편집 중인 내용을 확인합니다. 미리보기 창에 보이는 화면은 재생헤드(❸)가 있는 위치입니다.

❷ **타임라인** : 미디어를 삽입하고 오디오, 음성, 레이어 등을 추가하여 배치하는 곳으로 전환 및 다양한 효과를 추가합니다. 타임라인에 배치된 하나하나를 클립이라고 합니다.

❸ **재생헤드** : 작업 중인 영상의 재생 위치이며 편집 중인 영상의 특정 위치를 표시합니다. 위치는 고정되어 있으며 클립을 이동해서 맞추어줍니다.

❹ **미디어** : 타임라인에 이미지와 동영상 등 미디어를 삽입합니다.

❺ **오디오** : 타임라인에 배경음악, 효과음을 삽입합니다.

❻ **녹음** : 음성을 녹음하여 삽입합니다.

❼ **레이어** : 삽입된 미디어에 미디어, 효과, 스티커, 텍스트, 손글씨를 추가할 수 있으며 타임라인에 레이어를 생성하여 원하는 위치에 배치할 수 있습니다.

❽ **AI** : 자동 자막을 생성해 주거나 음악을 추천해 줍니다.

❾ **에셋 스토어** : 키네마스터 앱에서 무료로 제공하는 효과, 장면전환, 스티커, 음악, 효과음, 클립 그래픽, 비디오, 이미지, 폰트를 다운받을 수 있습니다. 프리미엄(👑)으로 표시된 에셋은 유료 회원만 다운받을 수 있습니다.

❿ **재생** : 작업한 내역을 재생합니다. 길게 터치하면 전체 화면으로 재생됩니다.

⓫ **저장 및 공유** : 작업한 내역을 저장하고 공유할 수 있습니다.

⓬ **프로젝트 저장** : 현재까지 편집한 작업 내역이 자동으로 저장되어 목록으로 나타납니다. 저장된 프로젝트를 터치하면 타임라인으로 불러옵니다.

⓭ **되돌리기** : 수행한 동작을 다시 원래대로 되돌립니다.

⓮ **다시 실행** : [되돌리기]를 실행하여 취소되었던 명령을 다시 실행합니다.

⓯ **화면 캡처** : 작업 중인 화면을 [캡처 후 저장], [캡처 후 클립으로 추가], [캡처 후 레이어에 추가] 등을 합니다.

⓰ **프로젝트 설정** : 영상을 제작할 때 오디오 설정, 비디오 설정, 기존 사진 지속시간, 사진 배치, 장면전환 시간 등 편집 속성의 옵션을 변경합니다.

⓱ **레이어 보기** : 타임라인의 전체 레이어를 볼 수 있습니다.

⓲ **이전 클립 이동** : 터치할 때마다 이전 클립의 시작점을 재생헤드로 이동합니다.

⓳ **다음 클립 이동** : 터치할 때마다 다음 클립의 시작점을 재생헤드로 이동합니다.

키네마스터 앱 설치 및 시작하기

Step 01 키네마스터 앱 설치하기

01 스마트폰 홈 화면에서 [Play 스토어] 앱을 **터치**한 후 [Play 스토어] 앱 하단 **[검색]을 터치**합니다. '**키네마스터**'를 입력하고 **[검색(🔍)을 터치**합니다.

02 검색한 결과의 목록 중 [KineMaster] 앱의 [설치]를 **터치**하여 설치합니다. 설치가 완료되면 **앱스 화면에 키네마스터 앱이 설치된 것을 확인**할 수 있습니다. 이후 **키네마스터 앱을 길게 터치**하여 **[홈 화면에 추가]를 터치**하면 홈 화면에서 앱을 쉽게 실행할 수 있습니다.

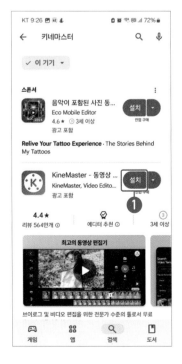

01 키네마스터 앱을 터치하여 실행합니다. 처음 앱을 실행하면 나타나는 [이용 안내]의 내용을 읽고 [확인]을 터치합니다. 'KineMaster에서 알림을 보내도록 허용하시겠습니까?' 내용에 [허용] 또는 [허용 안함]을 선택합니다.

02 키네마스터 앱의 홈 화면에서 [만들기]를 터치한 후 [새로 만들기]를 터치합니다.

키네마스터 앱을 처음 실행할 때 나타나는 메시지로 [모두 허용] 선택합니다.

03 프로젝트 이름에 '가을의 향기'라고 입력하고, 화면 비율은 [16:9]를 선택합니다. [고급]을 터치하면 나타나는 메뉴에서 **사진 배치는 [자동]을 터치**한 후 [만들기]를 터치합니다.

잠깐

사진 배치 설정
• **화면 맞추기** : 미디어 비율대로 재생되기 때문에 작업 화면 비율과 다를 경우 검은색 배경이 표시됩니다.
• **화면 채우기** : 작업 화면에 맞추어 재생되며, 16:9로 영상을 편집할 때 세로 사진은 일부만 보입니다.
• **자동** : [화면 채우기] 옵션에서 자동으로 모션 기능(움직임)이 적용됩니다. 사진을 이용해 동영상을 편집할 때 추천하는 옵션입니다. 일부만 영상이 보일 경우 클립을 선택한 후 [팬&줌] 메뉴를 사용해 확대/축소하여 편집할 수 있으며, 검은색 배경 클립은 [배경] 메뉴에서 색상 변경과 블러 처리가 가능합니다.

04 미디어 브라우저에서 **[닫기(X)]를 터치**하면 기본 편집 화면이 나타납니다.

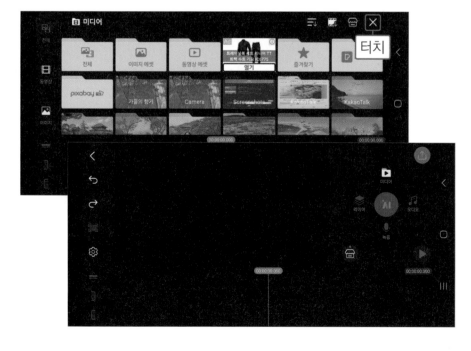

잠깐

미디어 브라우저에서 이미지나 영상을 삽입한 후 기본 편집 화면으로 이동해도 됩니다.

03   이미지, 동영상 삽입하기

Step 01   타임라인에 이미지/동영상 삽입하기

01 동영상 편집을 시작하기 전에 **직접 촬영한 길이가 30초 정도의 동영상과 세로 사진 1장, 가로 사진 4장 이상을 준비합니다.** 갤러리 앱에서 앨범을 만들어 동영상과 사진을 넣어두세요. 교재에서는 '가을의 향기'라는 앨범을 만들어 동영상과 사진을 넣어 두었습니다.

02 이미지와 동영상을 타임라인에 삽입하기 위해 기본 편집 화면에서 **[미디어]를 터치**합니다.

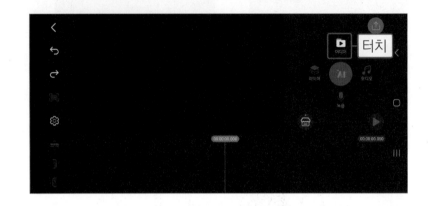

03 이전 과정에서 만든 앨범을 터치합니다. 여기서는 '가을의 향기' 앨범을 터치합니다.

04 영상을 만들 이미지를 **가로 사진 4장, 세로 사진 1장을 터치하여 타임라인에 삽입**한 후 **[닫기(✕)]를 터치**하여 편집 화면으로 이동합니다.

54

05 타임라인의 클립을 오른쪽으로 스와이프해서 맨 앞 클립으로 이동합니다. [재생(▶)]을 터치
하여 영상을 확인합니다.

 미디어 브라우저 살펴보기

미디어 브라우저의 보기 방식은 [전체], [동영상], [이미지]가 있습니다.

① [이미지 에셋], [동영상 에셋] : 에셋 스토어에서 다운받은 에셋이 담깁니다.

② [즐겨찾기] : 편집할 사진이나 동영상을 미리 즐겨찾기 앨범에 담아 놓으면 불러오기가 편합니다. 편집
할 미디어를 길게 터치하고 다음 화면에서 [별(★)]을 터치하면 [즐겨찾기]에 추가됩니다.

③ [Pexels], [pixabay] : 저작권 걱정 없는 이미지와 동영상을 무료로 사용할 수 있습니다. 이미지나 동
영상을 검색하여 터치하면 타임라인에 바로 삽입됩니다. 스마트폰에 저장되는 것이 아니라 키네마스터
앱 타임라인에만 삽입할 수 있습니다.

잠깐

- 전체 영상의 시간은 사진 5장×4.5초인 22.5초입니다.
- 클립이 선택된 상태에서는 그 클립 내에서만 이동할 수 있고 전체 영상을 이동하려면 타임라인의 빈 영역을 터치하여 클립 선택을 해제해야 합니다.

- 처음 [재생(▶)]을 터치하면 '재생 버튼을 길게 누르면 전체 화면으로 볼 수 있습니다.'라는 메시지 창에서 '다시 보지 않기'를 선택하면 메시지는 다시 나타나지 않습니다.

▶ 추가 영상 삽입하기

01 타임라인의 원하는 위치에 사진을 하나 더 추가해 보겠습니다. **추가하고자 하는 위치를 스와이프하여 재생헤드에 맞춘 후 [미디어]를 터치**합니다.

02 교재에서는 '가을의 향기' 앨범을 터치한 후 **추가할 동영상을 터치**합니다. 타임라인에 추가된 것을 확인한 후 **[닫기(✕)]를 터치**합니다.

56

[Pexels], [pixabay]를 검색하여 미디어를 타임라인에 삽입하는 방법

① 미디어 브라우저에서 [pixabay]를 터치한 후 [pixabay]의 이미지와 동영상이 나타나면 원하는 이미지나 동영상을 찾기 위해 검색을 터치합니다.

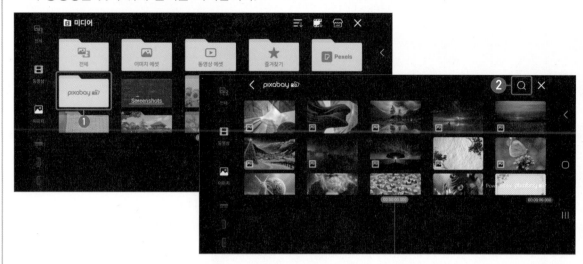

② 텍스트 입력란을 '가을'이라고 입력하고 [검색(🔍)]을 터치합니다. 관련된 이미지와 동영상이 나타나면 원하는 미디어를 터치합니다.

③ [미디어 다운로드 중...]이라는 메시지가 나타난 후 타임라인에 바로 삽입이 됩니다.

01 타임라인의 클립들을 두 손가락으로 오므립니다(핀치). 클립들이 축소되어 전체 클립이 한눈에 보이면 **이동할 클립을 선택**합니다.

> 잠깐
> · **핀치** : 편집 화면을 두 손가락으로 오므려서 화면을 축소하는 동작
> · **스트레치** : 편집 화면을 두 손가락으로 벌려서 화면을 확대하는 동작

02 해당 클립을 세 번째 클립으로 이동시키기 위해 길게 터치한 상태에서 진동이 느껴질 때 스와이프하여 세 번째 위치로 이동합니다.

▶ 동영상 삭제하기

01 삭제할 클립을 선택한 후 오른쪽 상단에 [삭제(🗑)]를 터치하면 클립이 삭제됩니다.

 잠깐

영상 교체하기
교체하고 싶은 클립을 터치하고 오른쪽 편집 메뉴에서 [교체]를 터치한 후 미디어를 선택하면 기존의 영상이 삭제되고 새로운 미디어로 교체됩니다.

▶ 프로젝트 저장하기

01 [재생(▶)]을 터치하여 영상을 확인합니다. 지금까지 작업한 내역을 다음 과정에 이어서 하기 위해 [프로젝트 저장(❮)]을 터치하면 프로젝트 목록에 나타납니다.

 잠깐

프로젝트 저장은 영상을 편집 중인 상태로 유지하며 다음에 이어서 작업을 할 수 있게 저장하는 것입니다. 최종 결과물을 동영상 형태로 저장하는 MP4 파일과는 다릅니다.

클립을 선택했을 때 편집 화면 살펴보기

① **편집 메뉴** : 타임라인에 클립(미디어, 오디오, 음성, 텍스트, 스티커 등)을 터치하면 나타나는 메뉴로 선택한 클립의 종류에 따라 메뉴가 다르게 나타납니다.

② 선택한 클립을 삭제합니다.

③ 클립 편집 화면에서 기본 편집 화면으로 이동합니다. 또는 아래쪽의 빈 공간(④)을 터치해도 됩니다.

⑤ 클립 삽입, 삭제, 이동 등 작업을 잘못 실행했을 때 [되돌리기(↺)], [다시 실행(↻)]을 사용합니다.

⑥ ⋯ : 클립을 [복사]하거나 [레이어로 복사]합니다.

01 [새로 만들기]에서 [사진 배치]를 [화면 맞추기]로 설정한 후 가로 사진과 세로 사진을 삽입하고, 사진 배치를 [자동]으로 했을 때와 차이점을 찾아보세요.

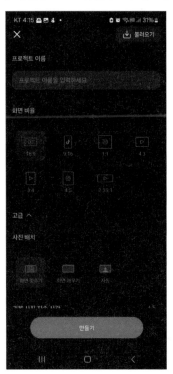

02 타임라인의 클립을 선택한 후 [교체]를 이용하여 다른 사진으로 바꿔보세요.

05 영상 편집하기

- 영상 편집 화면 구성 살펴보기
- 영상 트림/분할하기
- 영상 화면 확대/축소/자르기
- 클립 그래픽에서 타이틀/엔딩 만들기
- 영상의 여백에 배경 넣기
- 장면전환 효과 주기

◀ 영상 여백에 배경 넣기

◀ 장면전환 효과

타임라인에 삽입된 영상의 길이를 자르거나 확대/축소/자르기를 할 수 있고, 클립 그래픽에서 간단하게 타이틀이나 엔딩을 만들어 넣을 수도 있습니다. 또한, 클립과 클립 사이에 자연스러운 영상 전환을 위해 다양한 장면전환 효과를 넣을 수 있습니다. 삽입된 영상을 편집해보겠습니다.

Step 01 영상 편집 메뉴 알아보기

타임라인에서 삽입된 이미지나 동영상 클립을 선택하면 오른쪽 위에 편집 메뉴가 나타납니다. 이때 선택한 클립의 종류에 따라 편집 메뉴가 다르게 표시됩니다. 편집 메뉴를 보는 방식은 목록이 아래쪽으로 나열되는 [슬라이드 보기(☰)]와 바둑판 형식으로 배열되는 [바둑판 보기(▦)] 방식이 있습니다. 보기 방식 변경은 화면 하단에서 선택할 수 있습니다. 교재에서는 [슬라이드 보기]를 기준으로 설명하겠습니다. 이미지 클립과 동영상 클립의 편집 메뉴를 살펴보겠습니다.

▶ 이미지 클립 편집 메뉴

❶ **교체** : 선택한 클립을 삭제하고 다른 이미지나 동영상으로 교체합니다.

❷ **트림/분할** : 트림(Trim)이란 불필요한 부분을 잘라낸다는 뜻으로 재생헤드를 기준으로 동영상의 왼쪽 트림, 오른쪽 트림, 자르기, 분할 및 정지 화면 삽입을 합니다.

❸ **팬 & 줌** : 동영상의 시작 지점과 끝 지점의 노출 영역을 설정하여 움직임과 줌 인/줌 아웃을 설정합니다. 프로젝트 설정에서 사진 배치를 자동으로 하면 세로로 촬영한 사진은 일부분만 보이고 재생이 끝날 수 있으므로 편집이 필요할 수 있습니다.

❹ **회전/미러링** : 선택한 클립의 회전, 좌우 뒤집기, 상하 뒤집기를 합니다.

❺ **필터** : 여러 가지 필터 중 선택하여 효과를 적용합니다.

▲ 슬라이드 보기

▲ 바둑판 보기

❻ **조정** : 동영상의 밝기, 대비, 채도 등을 조정합니다.

❼ **클립 그래픽** : 클립에 타이틀, 자막, 프레임, 스타일리시 등 다양한 효과를 줍니다.

❽ **AI 스타일** : 인공지능을 기반으로 단조로운 동영상이나 이미지가 세밀하게 그려진 그림처럼 또는 풍부한 텍스처와 색감을 가진 오일 페인팅처럼 변환합니다.

⑨ **매직 리무버** : 클릭 한 번만으로 영상이나 이미지에 있는 인물의 배경을 제거할 수 있는 기능입니다.

⑩ **화질복원** : AI 기술을 이용하여 사진 또는 동영상의 품질을 향상시켜 선명하게 해줍니다.

⑪ **배경** : 촬영한 이미지나 영상의 비율이 맞지 않을 경우, 가로로 촬영한 미디어와 세로로 촬영한 미디어를 같은 영상에서 편집할 때 나타나는 여백의 배경색을 변경하거나 투명하게 또는 블러효과를 줄 수 있습니다.

⑫ **비네트** : 사진의 가장자리를 어둡게 만들어 사진의 중앙으로 시선을 집중시키는 효과입니다.

▶ **동영상 편집 화면**

❶ **슬립** : 동영상의 길이를 트림하고 슬립을 터치한 후 타임라인의 클립을 좌우로 이동시켜 필요한 구간을 찾아 대체하는 기능입니다.

❷ **믹서** : 동영상의 오디오를 음소거하거나 볼륨을 조절합니다.

❸ **속도** : 동영상의 재생 속도를 설정합니다.

❹ **리버스** : 동영상이 거꾸로(역으로) 재생됩니다.

❺ **상세 볼륨** : 동영상의 오디오 게인선(조절선)을 조절하여 원하는 구간의 볼륨을 조정합니다.

❻ **EQ** : 이퀄라이저(Equalizer)란 뜻으로 음악에 효과를 줍니다.

❼ **잔향효과** : 동영상의 오디오에 목욕탕, 성당, 동굴 등 특정 장소의 울림 효과를 줍니다.

❽ **잡음 제거** : 촬영한 동영상의 주변 소음을 제거해 줍니다.

❾ **음성 변조** : 동영상 오디오의 기존 음성을 변조시킬 수 있습니다. 예를 들면 목소리 변조가 있습니다.

❿ **자동 자막** : AI 기반 음성 인식 기술을 활용하여, 영상 속 음성을 텍스트로 변환하여 표시합니다.

⑪ **오디오 추출** : 동영상 오디오를 추출하여 레이어를 생성합니다.

⑫ **변환** : 클립에 삽입된 모든 동영상의 해상도, 프레임레이트, 품질을 변경합니다.

Step 01 영상 트림하기

01 영상을 편집하기 위해 **키네마스터 앱을 실행**하고 [새로 만들기]를 터치한 후 **프로젝트 이름을** '영상 길이 자르기'라고 입력합니다. 화면 비율은 [16:9]를 선택하고 [고급]을 터치한 후 **사진 배치를 [화면 맞추기]로 선택**하고 [만들기]를 터치합니다.

사진 배치에서 [화면 맞추기]는 미디어의 비율대로 재생되기 때문에 미디어가 작업 화면의 비율과 다를 경우 검은색 배경이 표시되며 모션 기능(움직임)이 없습니다.

02 미디어 브라우저에서 작업할 미디어가 있는 [가을의 향기]를 터치한 후 **가로로 촬영한 사진 1장, 세로로 촬영한 사진 1장, 동영상을 순서대로 터치**하여 타임라인에 추가하고 [닫기(✕)]를 터치합니다.

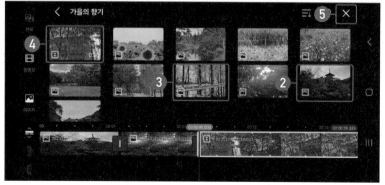

03 동영상의 앞부분을 잘라내어 삭제해 보겠습니다. **동영상 클립을 터치한 후 잘라낼 동영상의 끝점을 스와이프해서 재생헤드로 이동**합니다. 동영상 클립 편집 메뉴에서 [**트림/분할**]을 터치합니다.

04 트림/분할 상세 메뉴가 나타나면 [**왼쪽 트림**]을 터치합니다. 재생헤드의 왼쪽 영역이 잘립니다.

05 동영상의 뒷부분을 잘라내어 삭제해 보겠습니다. **자르고 싶은 동영상 클립의 시작점을 스와이프하여 재생헤드로 이동**합니다. 동영상 클립 편집 메뉴에서 [**트림/분할**]을 터치한 후 [**오른쪽 트림**]을 터치합니다. 재생헤드의 오른쪽 동영상이 잘린 것을 확인합니다.

스와이프하여 동영상의 앞뒤 쉽게 자르기

타임라인에서 이미지 클립을 터치하면 선택되었다는 노란색 테두리가 나타납니다. 왼쪽 또는 오른쪽 가
장자리 부분을 스와이프하여 사진 재생 시간인 4.5초를 줄이거나 늘릴 수 있습니다. 하지만 동영상 클립
은 길이를 줄일 수는 있으나 촬영한 길이 이상으로 늘릴 수는 없습니다.

Step 02 동영상을 분할하고 삭제하기

동영상 클립을 [자르기]를 이용해 3개의 클립으로 분할한 후 중간에 있는 클립을 삭제해 보겠
습니다.

01 재생헤드로 **잘라낼 부분의
시작점을 스와이프**하여 이동
시키고 동영상 클립 편집 메
뉴에서 [트림/분할]을 터치한
후 [자르기]를 터치합니다.

02 동영상 클립이 2개로 분할된
것을 확인합니다.

03 동영상 클립에서 삭제할 부분의 **시작점**을 재생헤드로 스와이프하여 이동한 후 [자르기]를 **터치**합니다.

04 동영상 클립이 3개로 분할된 것을 확인합니다.

05 분할된 클립 중 삭제하고 싶은 **가운데 클립**을 **터치**한 후 [삭제(🗑)]를 **터치**합니다. [<]를 **터치**하여 기본 편집 화면으로 이동합니다.

06 [재생(▶)]을 **터치**하여 지우고 싶은 부분이 삭제되었는지 확인합니다.

▶ 영상 확대/축소

01 타임라인에서 **확대/축소하고자 하는 클립을 터치**한 후 **[팬 & 줌]을 터치**합니다.

02 팬 & 줌의 상세 메뉴에서 '시작 위치'의 영상을 터치한 후 **미리보기 창의 화면을 두 손가락으로 화면을 밖으로 밀어(스트레치) 확대시키면서 멀리 보이는 '탑'을 화면 가운데 위치하도록** 합니다. **[　]를 터치**하고 기본 편집 화면에서 **[재생(　)]을 터치**하여 '시작 위치'에서 '끝 위치'로 영상이 움직이는 것을 확인합니다.

잠깐
- [팬 & 줌]은 사진에 모션을 주는 기능으로 시작 위치나 끝 위치의 미리보기 창에서 보여주고 싶은 화면의 크기로 조절하면 재생할 때 줌 인/줌 아웃 효과를 나타낼 수 있습니다.
- [새로 만들기]에서 [사진 배치]를 [자동]으로 설정하면 줌 인/줌 아웃이 자동으로 적용됩니다. 세로 사진의 경우 전체 사진이 보이지 않고 일부분만 보이다 재생이 끝날 수 있으므로 편집이 필요합니다.

01 동영상에서 배경을 잘라내기 위해 **동영상 클립을 터치한 후 [팬 & 줌]을 터치**합니다.

02 **[시작 위치]의 영상을 터치**합니다.

03 필요한 부분만 볼 수 있게 **미리보기 창에서 보이지 않아야 할 부분은 화면 밖으로 나가도록 화면 크기를 조절한 후 [■]를 터치**하면 [끝 위치]의 화면 크기가 [시작 위치]와 동일해집니다. 즉, 화면의 크기를 조절하면 시작 위치와 끝 위치가 동일해지고 어둡게 보이는 영역은 잘려서 영상이 보이지 않게 됩니다.

01 세로 사진 클립을 선택한 후 편집 메뉴의 [배경]을 터치합니다.

02 [배경] 메뉴에서 [블러]를 터치합니다.

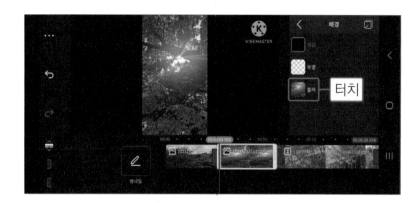

03 세로 사진의 검정색 여백에 블러 효과가 나타나면 강도를 조정합니다.

[배경] 메뉴에서 색상을 터치해 검은색 배경을 다른 색으로 색상을 변경할 수 있고, 투명을 터치하면 투명하게 채워집니다.

▶ 클립 그래픽에서 타이틀 만들기

01 클립 그래픽을 이용하면 쉽고 간단하게 타이틀이나 자막을 만들 수 있습니다. 앞에서 작업한 '가을의 향기'를 불러와 편집 작업을 이어가겠습니다. 프로젝트 목록에서 '가을의 향기'를 터치합니다.

02 '가을의 향기' 프로젝트의 작업 내역이 타임라인에 나타납니다. 타이틀을 넣기 위해 **첫 번째 클립을 터치**하고 편집 메뉴에서 **[클립 그래픽]**을 터치합니다.

03 클립 그래픽 상세 메뉴가 나타나면 **[기본 타이틀 효과]**를 터치합니다.

04 [Subtitle]을 선택한 후 텍스트 입력란을 터치합니다. '가을의 향기'라고 입력한 후 [확인]을 터치합니다.

05 텍스트의 위치를 맨 위로 이동하고 미리보기 창에 타이틀이 추가된 것을 확인합니다.

 잠깐 클립 그래픽에서 텍스트를 입력할 때 글꼴 색상, 배경색, 위치 등의 서식을 적용할 수도 있고, 서식을 적용이 할 수 없는 경우도 있습니다. [클립 그래픽] 효과를 제거하고 싶은 경우 적용된 클립을 선택하고 [클립 그래픽] 목록 맨 위에 있는 [없음]을 터치합니다.

▶ 클립 그래픽에서 엔딩 만들기

01 클립에 엔딩 그래픽 효과를 주기 위해 **타임라인의 끝점을 재생헤드로 스와이프하여 이동**합니다. 컬러보드를 추가해서 만들어 보겠습니다. **[미디어]**를 터치합니다.

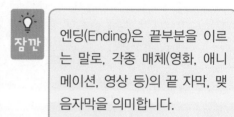

엔딩(Ending)은 끝부분을 이르는 말로, 각종 매체(영화, 애니메이션, 영상 등)의 끝 자막, 맺음자막을 의미합니다.

02 키네마스터에서 기본으로 제공하는 **[이미지 에셋]**을 터치합니다.

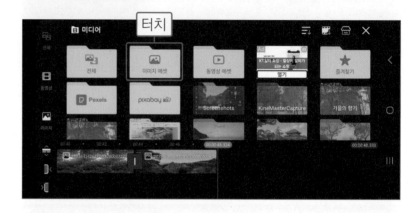

03 이미지 에셋에서 **검은색 보드를 터치**한 후 타임라인에 추가된 것을 확인합니다. **[닫기]**를 터치합니다.

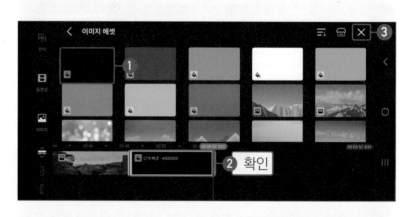

04 엔딩 클립 그래픽을 추가하기 위해 **03**에서 추가한 **검은색 보드 클립을 터치**하고 편집 메뉴에서 **[클립 그래픽]**을 터치합니다.

05 클립 그래픽 상세 메뉴에서
[여행 및 활동]를 터치한 후
[여행-마지막]을 터치합니다.
텍스트 입력란을 터치한 후
'가을 향기에 취하다'라고 입
력하고 [확인]을 터치합니다.

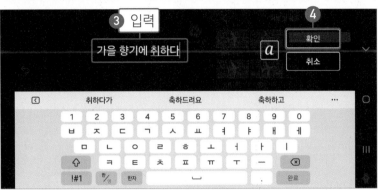

06 미리보기 창에서 **엔딩 클립
그래픽**이 만들어진 것을 확인
하고 [<]를 **터치**하여 기본
편집 화면으로 이동합니다.

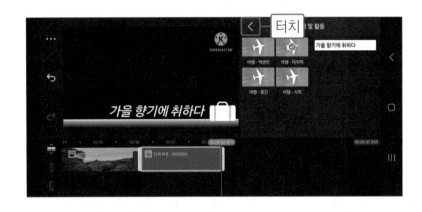

클립 그래픽에는 다양한
타이틀과 효과, 프레임 등
이 있어서 원하는 스타일
로 영상을 꾸밀 수 있습
니다. 기본으로 제공되는
에셋이 있고 목록에서 터
치만 하면 자동으로 다운
로드 되는 에셋도 있습니

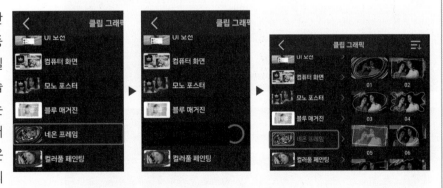

다. 에셋 왼쪽 상단에 왕관 모양(👑)이 있는 효과는 프리미엄 에셋으로 다운로드는 가능하지만 사용할 경
우 유료 회원으로 전환해야만 저장할 수 있습니다. 프리미엄 회원이 아닌 경우 프리미엄 에셋을 적용했다
면 무료 에셋이나 [없음]으로 설정해야만 저장할 수 있습니다.

Step 01 장면전환 효과 주기

장면전환 효과란 하나의 장면에서 다른 장면으로 넘어갈 때 효과를 주는 것을 말합니다.

01 장면전환 효과를 주기 위해 **클립과 클립 사이의 [ㅣ]를 터치**합니다.

02 장면전환이 빨간색으로 바뀌면서 편집 메뉴가 나타납니다. **[프레젠테이션]을 터치**하고 **[줄무늬 닦아내기]을 터치**하면 클립과 클립 사이에 장면전환 효과가 적용된 것을 확인합니다. **[◀]를 터치**해 기본 편집 화면으로 이동한 후 **[재생(▶)]을 터치**하여 장면전환 효과를 확인합니다.

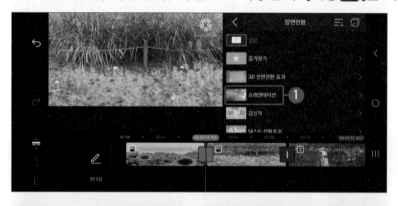

03 나머지 장면전환도 하나씩 적용해 봅니다.

잠깐

장면전환 효과를 즐겨찾기에 추가, 모두 적용하기

- **즐겨찾기** : 자주 사용하는 효과를 길게 터치하면 즐겨찾기에 추가됩니다. 즐겨찾기된 아이템을 길게 터치하면 즐겨찾기에서 제거됩니다.

- **모두 적용하기** : 장면전환 효과 하나를 적용하고 []를 터치하면 전체 클립에 적용됩니다. 장면전환을 제거하고 싶으면 [없음]을 선택합니다. 적용된 장면전환은 다른 효과를 적용하면 대체됩니다.

클립 그래픽과 동일하게 장면전환도 목록에 있는 에셋은 바로 다운받아 사용할 수 있고 에셋 스토어에서 설치해야만 되는 에셋도 있습니다. 프리미엄 에셋을 적용할 경우 저장이 되지 않습니다.

01 프로젝트에서 화면비율 [16:9], [사진 배치]를 [자동]으로 설정한 경우 사진의 일부분만 보여지고 사라지는 경우가 있습니다. [팬 & 줌]의 효과에서 끝 위치를 다음과 같이 세로 사진 전체가 화면에 보이도록 조절해 보세요.

▼

02 새로 작업한 프로젝트의 첫 번째 클립을 선택하여 [클립 그래픽] 화면에서 타이틀을 다음과 같이 만들어 보세요.

 클립을 터치하고 편집 메뉴의 [클립 그래픽]을 터치한 후 [블루 매거진] – [02]를 선택하고 텍스트를 입력합니다.

06 음악 넣기

- 저작권이란?
- 음악/효과음 에셋 다운로드하기
- 배경음악 추가하기
- 효과음 추가하기
- 영상/음악 볼륨 조절 및 음소거하기
- 음성 녹음해서 추가하기

미/리/보/기

동영상을 편집할 때 추가하는 배경음악은 반드시 저작권을 살펴봐야 합니다. 키네마스터 앱의 경우 에셋 스토어에서 무료로 음악/효과음을 다운받을 수 있습니다.

이번 장에서는 동영상에 배경음악을 삽입하고 이미지나 동영상 클립에 효과음을 넣어 편집해 보겠습니다. 그리고 음성을 녹음하여 내레이션을 추가해 보겠습니다.

01 저작권 알아보기

영상을 편집하고 제작할 때 영상을 돋보이게 하고 내용을 잘 전달하기 위해서 배경음악, 이미지, 텍스트 등을 추가하여 편집합니다. 제작한 영상을 인터넷에 게시할 때 무료로 사용할 수 있는 음원, 이미지, 글꼴이 아니면 저작권 침해가 될 수 있습니다.

Step 01 저작권이란?

저작권이란 저작물을 세상에 내놓은 사람이 법적으로 보호받을 수 있는 권리를 말합니다. 이러한 권리에는 저작물을 복제하거나 배포할 수 있는 권리, 저작물을 공중송신할 수 있는 권리, 저작물을 변경하거나 파생물을 만들 수 있는 권리 등이 있습니다. 저작권은 저작자가 독점적으로 가지며, 다른 사람은 저작자의 동의 없이 이를 이용할 수 없습니다. 일반적으로 저작권은 저작자가 사망한 후 70년 동안 유지됩니다.

저작물을 이용하고자 할 경우 저작자가 살아 있다면 저작자(또는 관리를 위임받은 자)에게 저작자가 사망한 경우에는 저작권을 상속받은 자(또는 관리를 위임받은 자)에게 동의를 얻어야 합니다.

❶ 음원 저작권

음악을 불법적으로 다운로드하거나 무단으로 이용하는 경우, 음원을 무료로 복제하여 이용하는 경우에는 음원 저작권 침해에 해당합니다. 최근 유튜브와 같은 온라인 플랫폼에서 원저작권자에게 이용 허락을 받지 않고 사용하여 저작권을 침해하는 사례가 종종 발생하고 있습니다. 동영상을 편집할 경우 저작권 침해에 주의하고 무료로 사용할 수 있는 음원 사용을 권장합니다.

❷ 글꼴 저작권

글꼴 파일은 저작권법으로 보호받는 '컴퓨터프로그램저작물'입니다. 일반 저작물과 달리 컴퓨터프로그램저작물의 경우 비영리·개인 목적으로 이용하더라도 저작권 침해 책임이 발생합니다. 또한 무료 글꼴 파일이라도 이용허락 조건을 확인한 후 사용합니다.

❸ 이미지 및 영상 저작권

인터넷상에서 무료로 다운로드 할 수 있는 이미지와 동영상이라도 사용 목적에 따라 저작권 침해가 발생할 수 있으니 조건을 확인한 후 사용합니다.

④ 자유이용허락(CCL) 표기의 이해

구분		내용
BY	저작권 표시	저작권자의 이름과 출처를 반드시 표시
NC	비영리	상업적 사용이 불가하며 사용 시 별도 계약 필요
ND	변경금지	저작물 수정 또는 2차 제작물 제작을 금지
SA	동일조건변경허락	2차 저작물 창작 허용 단, 원저작물과 동일한 라이선스 적용

Step 02 저작권 걱정 없는 무료 사이트

❶ 픽사베이(Pixabay.com)

대표적인 무료 사이트로 사진, 일러스트, 벡터, 비디오, 음악, 음향 효과, GIF 자료 등 많은 자료가 있습니다. 회원가입 없이 무료로 다운받을 수 있으며, 상업적 용도로도 활용할 수 있고 출처를 밝히지 않아도 됩니다.

스마트폰에서 네이버 앱이나 인터넷 앱을 이용하여 픽사베이 사이트에 접속하여 필요한 자료를 검색한 후 [무료 다운로드]를 터치하고 해상도를 선택한 후 [다운로드]를 터치합니다. 다운받은 자료는 갤러리 앱의 [다운로드] 앨범에서 확인할 수 있습니다.

❷ 공유마당(www.kogl.or.kr/index.do)

한국저작권위원회에서 운영하는 사이트로 이미지, 영상, 음원, 폰트 등 다양한 저작물을 제공하며 무료로 다운받을 수 있습니다.

◀ 픽사베이

◀ 공유마당

③ 기타 무료 다운로드 사이트

- **유튜브 오디오 보관함** : PC에서 유튜브 사이트(www.youtube.com)에 접속합니다. 오른쪽 상단의 계정 아이콘을 클릭한 후 [YouTube 스튜디오]를 클릭합니다. 왼쪽 메뉴 아래쪽에 [오디오 보관함]을 클릭하면 음악, 음향 효과를 사용할 수 있습니다.

- **pexels.com 사이트** : 무료 이미지와 동영상을 다운받을 수 있습니다. 키네마스터 앱의 미디어 브라우저에서 pexels 폴더를 터치하어 이미지를 타임라인으로 다운받을 수 있습니다.

Step 03 에셋 스토어 살펴보기

▶ 에셋 스토어 화면 구성

키네마스터의 에셋 스토어(🖼)는 동영상 편집에 필요한 다양한 기능들과 효과들을 모아 놓은 상점으로 저작권 걱정 없이 음악이나 효과 등을 무료로 다운받을 수 있습니다. 단, 프리미엄 에셋은 유료 회원만 다운받을 수 있습니다.

① 효과 : 영상에 예술적, 블러, 컬러, 왜곡 등 특수 효과를 적용합니다.

② 장면전환 : 미디어 클립과 다음 미디어 클립 사이에 들어가는 장면전환 효과로 아날로그, 컬러, 교차/분할 등이 있습니다.

③ 스티커 : 영상에 눈 내리는 효과, 프레임, 아이콘, 텍스트 라벨 등을 삽입할 수 있습니다.

④ 음악 : 클래식, 어쿠스틱, 댄스 등의 다양한 음악이 있습니다.

⑤ 짧은 음악 : 1분 미만의 짧은 음악을 다운받을 수 있습니다.

⑥ 효과음 : 빗소리, 자동차, 파도 소리 등의 효과음을 다운받을 수 있습니다.

⑦ 클립 그래픽 : 클립에 타이틀 영상, 프레임 영상 등의 템플릿이 있습니다.

⑧ 비디오 : 영상 작업을 위한 인트로, 여행&풍경, 크로마키 등의 비디오가 있습니다.

⑨ 이미지 : 일러스트, 패턴 등의 다양한 이미지가 있습니다.

⑩ 폰트 : 텍스트를 편집하기 위한 글꼴을 다운받을 수 있습니다.

⓫ AI 스타일 : 인공지능을 기반으로 그림처럼 또는 풍부한 텍스처와 색감을 가진 오일 페인팅 처럼 변환합니다.

⓬ 필터 : 여러 가지 필터 중 선택하여 효과를 적용합니다.

⓭ 기타 : 자동 자막, 화질복원, Noise Remover, Music Match, Text Preset이 있습니다.

▶ 다운받은 에셋 삭제하기

01 먼저 [에셋 스토어] 화면에서 상단 오른쪽의 [MY]를 터치합니다.

02 삭제하고 싶은 에셋 그룹을 선택한 후 다운받은 목록이 나타나면 각 에셋 옆의 [🗑]를 터치하면 됩니다. 이렇게 하면 불필요한 에셋을 정리할 수 있어 깔끔하게 작업할 수 있습니다.

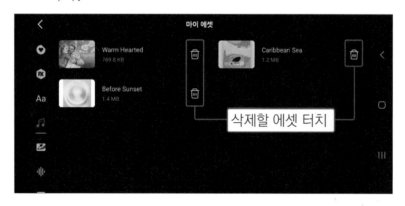

 교재에서 사용한 무료 에셋도 언제든지 유료화될 수 있습니다. 따라서 편집 작업을 할 때 이러한 점을 염두에 두고 사용하는 것이 좋습니다. 만약 특정 에셋이 유료화되면, 저장 시 제한이 생길 수 있으니 다른 무료 에셋으로 대체하는 것도 한 방법입니다.

Step 01 에셋 스토어에서 음악/효과음 다운로드하기

01 배경음악을 삽입하기 위해 지금까지 작업한 '**가을의 향기**' 프로젝트를 불러옵니다. 배경음악과 효과음을 다운받기 위해 기본 편집 화면에서 [**에셋 스토어(🏬)**]를 터치합니다.

02 에셋 스토어의 **왼쪽 메뉴**에서 [음악(🎵)]을 터치한 후 [클래식]을 터치합니다. 오른쪽에 나타난 음악 목록 중 'Before Sunset'을 터치하여 들어본 후 [⬇]를 터치하여 다운받습니다.

03 효과음을 다운받기 위해 [효과음(♒)]을 터치한 후 효과음 장르 중에 [일반]을 터치합니다. '새 지저귀는 소리' 효과음의 [⏬]를 터치하여 다운받습니다.

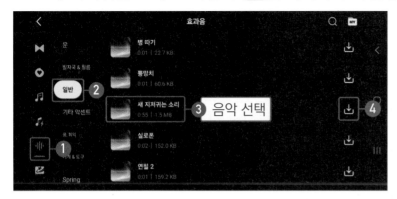

04 다운된 효과음은 [⏬] 모양이 [✓] 모양으로 바뀐 것을 확인합니다. [❮]를 터치하여 기본 편집 화면으로 이동한 후 [오디오]를 터치합니다.

05 오디오 브라우저의 [음악] 과 [효과음] 목록에 다운받은 에셋이 담겨 있는 것을 확인 합니다.

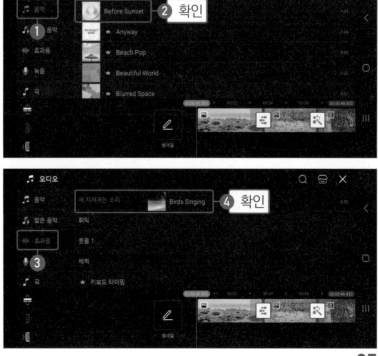

85

오디오 브라우저 살펴보기

오디오 브라우저는 에셋 스토어에서 다운받은 '음악'과 '짧은 음악', '효과음', 음성을 녹음한 '녹음'이 있으며, 스마트폰에 저장된 음악은 '곡/앨범/아티스트/장르/폴더'로 구분되어 있습니다. 키네마스터 앱을 설치하면 [오디오] 브라우저에 추천 무료 에셋 목록과 프리미엄 에셋 목록이 나타납니다.

추가로 다운 받고 싶은 오디오 에셋은 오디오 브라우저에서 [에셋 스토어(🛒)]를 터치해도 됩니다.

Step 02 배경음악 추가하기

01 '가을의 향기' 프로젝트에 배경음악을 추가해 보겠습니다. 기본 편집 화면에서 [오디오]를 **터치**합니다.

02 오디오 브라우저의 [음악] 목록에 다운로드한 'Before Sunset'을 터치하면 음악이 재생됩니다.

오디오 브라우저에서 [곡]을 터치하면 스마트폰에 저장된 음악 목록을 확인할 수 있습니다.

03 음악 리스트의 오른쪽에 [+]를 터치한 후 타임라인에 레이어 형태로 삽입된 것을 확인합니다. [닫기(X)]를 터치하여 기본 편집 화면으로 이동합니다.

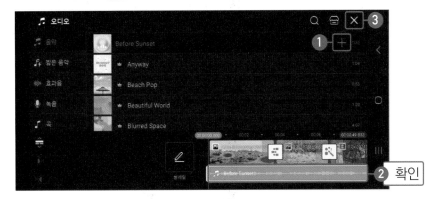

레이어란?
레이어는 클립 위에 음악, 미디어, 자막, 스티커 등이 클립 형태로 층을 생성하며 타임라인에 표시되는 것으로 여러 레이어가 합쳐져 하나의 영상으로 재생됩니다. 레이어 형태로 작업 된 동영상에서 일부분을 수정할 때 해당하는 레이어만 수정하거나 삭제할 수 있어 편집하기 쉽습니다.

04 오디오의 길이는 영상보다 길 경우 영상의 길이에 맞게 종료되며, 음악이 영상보다 짧을 경우 추가로 삽입하거나 반복해서 재생하면 됩니다. 영상을 재생할 때 영상의 끝점에서 음악이 뚝 끊어지는 거부감을 줄이기 위해 기본 편집 화면에서 **[프로젝트 설정(⚙)]을 터치**합니다.

05 속성 설정 창이 나타나면 오디오의 '**오디오 페이드 인(시작 부분)**'과 '**오디오 페이드 아웃(끝 부분)**'의 [◐]를 터치하여 활성화합니다. 영상을 재생해 오디오의 끝점이 부드럽게 처리된 것을 확인합니다.

> 💡 잠깐
> 오디오 페이드 인(시작 부분)과 오디오 페이드 아웃(끝 부분)을 활성화하면 오디오가 시작될 때 부드럽게 재생되고 끝날 때 뚝 끊어지지 않고 자동으로 페이드 처리됩니다.

Step 03   효과음 추가하기

01 영상을 더 실감 나고 몰입감 있게 만들어 주기 위해 넣는 소리를 효과음이라고 합니다. 에셋 스토어에서 다운받은 '새 지저귀는 소리'를 클립에 삽입해 보겠습니다. 먼저 **효과음을 추가할 클립의 시작점을 스와이프하여 재생헤드 위치로 이동시키고 [오디오]를 터치**합니다.

> 💡 잠깐
> 클립이 선택된 상태에서는 효과음을 넣을 수 없고, 기본 편집 화면에서만 가능합니다.

02 오디오 브라우저 창에서 [효과음]을 터치하고 [Birds Singing]을 터치하면 소리가 재생됩니다.

03 효과음 리스트의 오른쪽에 [**+**]를 **터치**하면 타임라인에 레이어 형태로 추가됩니다.

04 효과음이 적용하려는 영상보다 길이가 길어 효과음의 길이를 조절해 보겠습니다. **타임라인에서 효과음 레이어를 터치한 후 삭제할 부분의 시작점을 스와이프하여 재생헤드에 맞춥니다.** [효과음] 편집 메뉴에서 [**트림/분할**]을 터치합니다.

05 트림/분할 상세 메뉴에서 [**오른쪽 트림**]을 **터치**하여 뒷부분을 자릅니다.

오디오/음성 편집 메뉴 살펴보기

• **반복** : 타임라인에 삽입된 오디오의 [반복]을 활성화하면 오디오의 길이를 늘일 수 있으며 늘어난 만큼 반복하여 재생합니다.

• **끝까지 반복** : 동영상의 길이에 맞추어 반복해서 재생합니다. [반복]을 터치해야 적용할 수 있습니다.

• **Ducking** : 오디오 볼륨과 동영상 볼륨이 동시에 재생될 때 [Ducking]을 사용하면 동영상 볼륨이 재생되는 부분에서 오디오 볼륨을 자연스럽게 줄어들게 할 수 있습니다. 오디오 편집 화면의 [상세 볼륨]에서도 설정할 수 있지만 [Ducking]이 조금 더 자연스럽습니다.

Step 04 동영상과 음악의 음소거 및 볼륨 조절

영상을 편집하다 보면 동영상의 소리, 삽입된 배경음악, 효과음, 음성 녹음이 동시에 재생되기도 합니다. 이럴 때 볼륨 조절 및 음소거가 필요합니다.

▶ 동영상 음소거하기

01 동영상 클립의 소리와 배경음악이 동시에 재생되어 동영상 클립의 볼륨을 음소거해 보겠습니다. **음소거할 동영상 클립을 터치한 후 편집 메뉴에서 [믹서]를 터치**합니다.

02 [볼륨(🔊)]을 **터치**하면 아이콘이 [🔇]로 음소거 상태로 변경되고 동영상 클립의 전체 볼륨이 음소거됩니다.

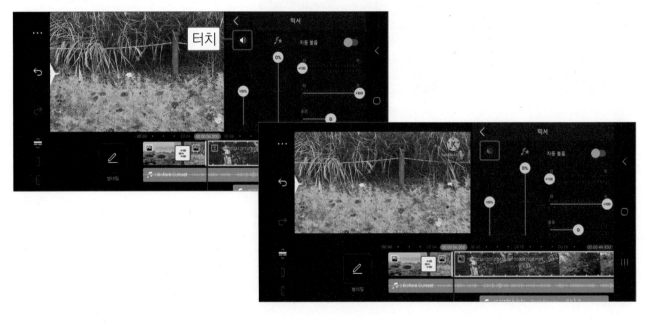

90

동영상의 볼륨을 음소거하지 않고 볼륨 크기를 줄여도 됩니다. [볼륨(🔊)] 버튼 아래 [볼륨 조절바]를 아래 위로 스와이프하여 조절합니다.

▶ 오디오 클립의 상세 볼륨 조절하기

인터뷰나 댄스 동영상의 경우 배경음악의 볼륨을 일정 구간은 낮추거나 음소거해야 할 때가 있습니다. 동영상이나 오디오의 전체 음소거가 아닌 구간별로 볼륨을 조절할 수 있는 상세 볼륨을 활용해 보겠습니다.

오디오 클립의 앞부분이나 끝부분을 페이드 처리하는 것은 [프로젝트 설정(⚙️)]에서 쉽게 할 수 있습니다. 오디오의 가운데 부분을 음소거할 때 상세 볼륨에서 조절점을 추가하여 서서히 볼륨을 줄이면서 음소거하고 다시 서서히 볼륨을 원래 크기로 키워서 조절할 수 있습니다.

01 지금까지 작업한 내역을 살펴보면 동영상 클립의 볼륨과 배경음악 클립, 효과음이 삼중으로 재생되는데, 동영상 클립은 음소거된 상태입니다. 배경음악 일부분을 음소거하고 효과음(새소리)이 들리도록 [상세 볼륨]을 조절해 보겠습니다. **배경음악 오디오 클립에서 음소거할 구간의 시작점을 스와이프하여 재생헤드 위치로 이동**합니다.

02 오디오 클립을 터치한 후 편집 메뉴에서 [상세 볼륨]을 터치합니다.

03 오디오 클립에서 **배경음악을 유지할 끝부분을 재생헤드 위치로 이동**한 후 [⟲]을 터치하면 조절점이 나타납니다.

04 음소거할 구간의 시작점을 스와이프하여 재생헤드로 이동한 후 볼륨을 0%로 조절하면 조절 점이 생기면서 배경음악이 서서히 줄어들며 음소거됩니다.

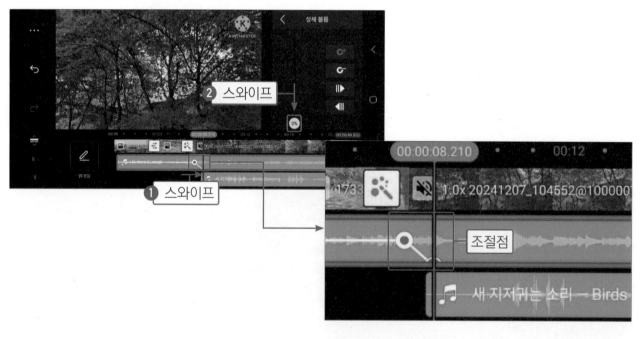

05 음소거할 구간의 끝부분을 재생헤드로 이동시킨 후 볼륨의 크기를 0%로 조절하면 조절점을 생기면서 음소거가 유지됩니다.

06 오디오 클립에서 배경음악을 복원할 위치를 스와이프하여 재생헤드로 이동한 후 볼륨의 크기를 100%로 조절합니다. 음소거된 배경음악이 서서히 복원됩니다.

잠깐

상세 볼륨 메뉴
① 볼륨 조절
② 조절점 추가
③ 조절점 삭제
④ 조절점 간 뒤로 이동
⑤ 조절점 간 앞으로 이동

키네마스터에는 녹음을 할 수 있는 기능이 있어 내레이션을 녹음한 후 영상에 추가할 수 있습니다.

01 동영상 클립에 **녹음을 추가할 위치**를 스와이프하여 재생헤드로 이동한 후 메뉴에서 [녹음]을 터치합니다.

02 **녹음 창**이 나타나면 [시작]을 터치합니다. 녹음이 시작되면서 클립이 이동됩니다. **음성 녹음을 종료하려면** [정지]를 터치합니다.

03 타임라인에 녹음한 음성 오디오가 추가된 것을 확인할 수 있습니다.

잠깐

오디오(초록색)와 음성(보라색)은 레이어 형태로 삽입됩니다. 타임라인에 레이어가 많을 때는 [레이어 보기()]를 터치하면 레이어 타임라인만 보이고 화면 아래 재생 화면이 나타납니다. 기본 편집 화면으로 이동하려면 [레이어 보기()]를 한 번 더 터치합니다.

레이어 보기

01 새 프로젝트를 시작한 후 사진들을 삽입하고 배경음악을 추가합니다. 추가한 배경음악을 다른 음악으로 교체해 보세요.

배경음악   교체된 배경음악

 오디오 편집 메뉴에서 [교체]는 기존 음악보다 길이가 짧으면 교체되지 않으므로 음악을 삭제하고 새로운 음악을 삽입합니다.

02 타임라인에 삽입된 배경음악의 앞부분을 잘라내고 배경음악을 영상의 맨 앞으로 이동시켜 보세요.

 배경음악 오디오 클립을 터치한 후 삭제하고 싶은 영역의 끝점을 재생헤드에 맞춥니다. [트림/분할]–[왼쪽 트림]을 선택하고 오디오 클립을 길게 터치(진동)해 영상의 맨 앞 클립으로 스와이프하여 이동합니다.

07 자막/미디어 추가하기

- 자막 입력하기
- 폰트 에셋 다운로드하기
- 텍스트 속성 지정하기
- 텍스트에 애니메이션 효과 주기
- 영상 속에 사진/동영상 추가하기
- 크로마키 적용하기

미/리/보/기

◀ 자막 추가하기

◀ 크로마키 적용

영상 클립 위에 텍스트 레이어를 이용하여 타이틀이나 자막을 추가할 수 있으며, 이미지나 동영상을 추가할 수도 있습니다. 추가된 영상은 크로마키를 이용해 배경을 제거하면 자연스러운 합성도 가능합니다.

01 자막과 크로마키 살펴보기

Step 01 자막의 효과 알아보기

자막은 동영상에 텍스트로 표시되며 다양한 목적으로 사용됩니다. 유튜브 영상이나 TV 프로그램에서 많이 사용되는 자막의 효과를 알아봅니다.

- **강조 효과** : 동영상에서 중요한 내용이나 멘트를 자막으로 표현함으로써 시청자들의 시선을 끌 수 있고 패러디, 웃음 포인트 등 재미 요소를 강조하는 데에도 활용됩니다.
- **영상의 이해도 향상** : 자막으로 제공되는 텍스트 정보가 영상 콘텐츠의 이해도를 높여줍니다. 특히 자막은 전문용어, 외국어 표현 등을 이해하는 데 도움이 됩니다.
- **난청자 및 청각 장애인 지원** : 청각이 좋지 않거나 청각 장애가 있는 시청자도 영상 콘텐츠에 접근할 수 있도록 합니다.
- **검색 엔진 최적화** : 동영상의 자막을 텍스트로 인식하여 검색 엔진의 검색 결과에 노출될 가능성을 높여줍니다. 이로 인해 동영상의 노출 및 유입을 증가시킬 수 있습니다.

◀ 뉴스와 교육용 영상 콘텐츠의 자막

Step 02 크로마키란?

크로마키(Chroma Key)란 두 개의 영상을 합성하는 기술입니다. 초록색이나 파란색 배경으로 촬영된 영상에서 배경색을 제거하고 다른 영상과 합성하는 방법입니다. 영화에서 배우들이 하늘을 나는 모습을 연출할 때 사용하며, 일기예보도 크로마키가 적용된 사례입니다. 크로마키 효과는 기존 영상 위에 추가된 영상에만 적용할 수 있습니다.

98

키네마스터에서는 영상 클립 위에 텍스트 레이어를 이용하여 타이틀이나 자막을 추가할 수 있고 꾸밀 수 있는 속성도 다양합니다. 글꼴은 에셋 스토어에서 무료로 다운받을 수 있습니다.

6장처럼 미디어 편집 화면에서 [클립 그래픽]을 이용한 타이틀이나 엔딩을 작업한 경우에는 별도의 레이어가 생성되지 않고 영상 클립에 효과가 바로 적용됩니다. 하지만 기본 편집 화면에서 [레이어]-[텍스트] 삽입은 레이어가 생성됩니다. 텍스트 레이어의 편집 메뉴를 살펴보면 다음과 같습니다.

❶ 편집 : 입력한 텍스트를 수정합니다.

❷ 폰트 : 글꼴을 변경합니다. 글꼴은 에셋 스토어에서 다운받아 사용합니다.

❸ 인 애니메이션 : 텍스트가 나타나면서 다양한 애니메이션 효과가 적용됩니다.

❹ 애니메이션 : 텍스트가 재생되는 동안 다양한 애니메이션 효과가 적용됩니다.

❺ 아웃 애니메이션 : 텍스트가 사라지면서 다양한 애니메이션 효과가 적용됩니다.

❻ 색상 : 텍스트의 색을 변경합니다.

❼ 알파(불투명도) : 텍스트에 불투명도 수치를 주어 반투명하게 처리합니다.

❽ 코너핀 : 이미지, 스티커, 텍스트 레이어의 각 꼭짓점을 자유롭게 조절하여 변형이 가능합니다.

❾ 상세조정 : 텍스트를 위치 변경, 각도, 크기, 미러링, 화면 맞추기/화면 채우기를 할 수 있습니다.

❿ 혼합 : 아래쪽 배경 영상과 혼합 효과를 주는 기능입니다.

⓫ 프리셋 : 만들어져 있는 서식을 보고 바로 적용할 수 있어 편리합니다.

⓬ 텍스트 옵션 : 텍스트 정렬(왼쪽 정렬, 가운데 정렬, 오른쪽 정렬), 밑줄, 자간, 행간을 설정합니다.

⓭ 윤곽선 : 텍스트에 테두리를 추가하고 테두리 색상을 설정합니다.

⓮ 그림자 : 텍스트에 그림자를 넣을 수 있으며 그림자의 거리, 각도, 퍼짐, 크기를 설정합니다.

⓯ 글로우 : 텍스트 바깥쪽에 외부광선효과를 줍니다.

⓰ 배경색 : 텍스트에 배경색을 넣습니다.

⑰ 다중 선택 : 텍스트에 적용된 속성을 텍스트 클립의 일부분을 선택하여 적용하거나 전체 텍스트 클립에 적용이 가능합니다.

Step 04 **미디어 레이어 편집 메뉴 알아보기**

작업한 영상 위에 다른 이미지나 동영상을 추가할 수 있습니다. 편집 화면에서 [레이어]-[미디어]를 터치하여 미디어를 추가하면 새로운 미디어 레이어가 만들어집니다. 미디어 레이어의 편집 메뉴는 다음과 같습니다.

▲ 이미지 레이어 편집 메뉴   ▲ 동영상 레이어 편집 메뉴

❶ 화면 분할 : 영상 위에 추가된 미디어의 화면 크기를 전체 화면, 위쪽 1/2, 아래쪽 1/2, 왼쪽 1/2, 오른쪽 1/2의 크기로 분할해 줍니다.

❷ 크롭 : 영상에 마스크 효과를 주어 여러 가지 모양으로 만들 수 있으며 가장자리를 부드럽게 처리하는 페더값을 줄 수 있습니다.

❸ 크로마키 : 영상의 배경에서 초록색과 파란색을 추출 후 투명하게 처리하여 자연스럽게 합성할 수 있는 기능입니다.

100

Step 01 자막 텍스트 입력하기

01 지금까지 작업한 '가을의 향기' 프로젝트를 불러와 자막을 추가해 보겠습니다. **자막을 넣을 위치를 스와이프하여 재생헤드로 이동한 다음 [레이어]를 터치**합니다.

02 [레이어] 선택 화면에서 **[텍스트]를 터치**합니다.

03 텍스트 입력 창에 **'코스모스 한들한들'**이라고 입력한 후 [확인]을 터치합니다.

04 영상의 정중앙에 삽입된 '**코스모스 한들한들**' 텍스트 상자의 ↘를 스와이프하여 글자 크기를 키운 후 **텍스트 상자를 스와이프하여 아래로 이동**합니다.

05 자막의 길이가 이미지 클립의 길이보다 길어서 줄여보겠습니다. **자막 레이어를 선택한 후 노란색 테두리의 오른쪽 가장자리를 왼쪽으로 스와이프**하여 영상의 길이에 맞춥니다. [◀]를 **터치**해 기본 편집 화면으로 이동합니다.

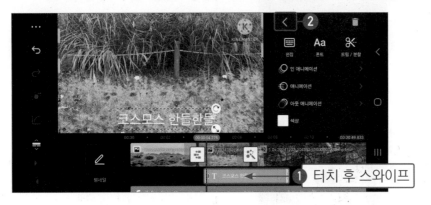

06 [재생(▶)]을 **터치**해 자막을 확인합니다.

💡 **잠깐**
텍스트 레이어의 길이를 조절하여 여러 장의 이미지나 동영상이 재생되는 동안 계속 나타나게 할 수 있습니다.

01 텍스트 클립을 선택한 후 텍스트 편집 메뉴에서 [폰트(Aa)]를 터치합니다.

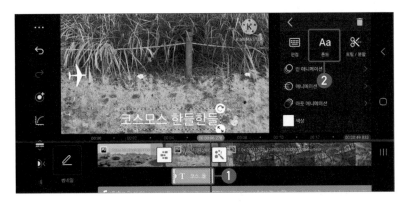

02 안드로이드 목록에도 한글 폰트가 있지만 다양한 한국어 폰트를 다운받기 위해 [에셋 스토어(🏪)]를 터치합니다.

03 에셋 스토어에서 [폰트(Aa)]를 터치한 후 [한국어]–[학교안심 봄방학]을 터치합니다.

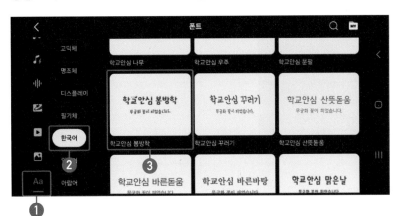

04 [⬇]를 **터치**한 후 다운이 완료되어 [☑]로 **변경되면** [<]를 **터치**하여 폰트 화면으로 이동합니다. 한국어 목록이 추가되고 폰트가 다운된 것을 확인합니다. [☑]를 **터치**해서 화면을 종료합니다.

Step 03 글꼴 및 속성 바꾸기

01 타임라인의 **텍스트 레이어를 터치**한 후 [폰트(Aa)]를 **터치**합니다.

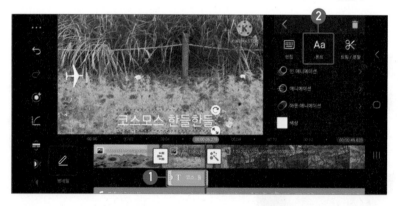

02 폰트에서 [한국어]를 터치하고 다운받은 '학교안심 봄방학 R' 글꼴을 터치한 후 [☑]를 터치합니다.

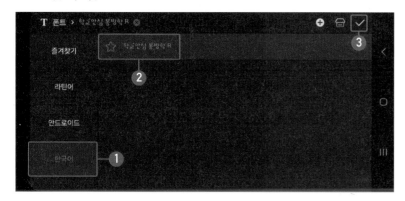

03 텍스트 색상을 변경하기 위해 [색상]을 터치합니다. 색상 선택 창이 나타나면 **연한 살구색을 터치**하고 [☑]를 **터치**하면 텍스트 색상이 변경됩니다.

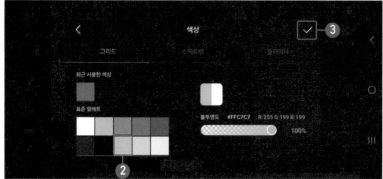

04 텍스트에 테두리를 적용하여 또렷하게 만들어 보겠습니다. 편집 메뉴에서 [윤곽선]을 찾아 **터치**합니다.

05 윤곽선 편집 화면에서 'Enable'의 [███]를 **터치**하여 활성화시키고 ❷의 기본 색상은 검은
색으로 되어 있어 텍스트의 윤곽선이 검은색으로 나타납니다. **두께를 조절하고 [<]를 터**
치하여 마무리합니다.

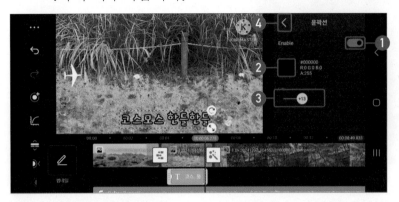

 잠깐

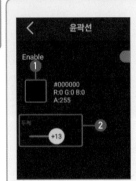

- 색상 : 기본값은 검은색이며 터치하여 다른 색상으로 윤곽선을 설정합니다.
- 두께 : 윤곽선의 두께를 설정합니다.

Step 04 자막에 애니메이션 효과 주기

01 텍스트가 나타나는 시작점에 움직임을 주기 위해 [인 애니메이션]을 **터치**합니다.

02 인 애니메이션의 상세 메뉴에서 **[모아서 나타나기]**을 **터치**하여 효과를 적용한 후 **[<]**를 **터치**합니다.

03 이번에는 텍스트가 사라지는 끝점에 움직임을 주기 위해 **[아웃 애니메이션]**을 **터치**합니다.

04 아웃 애니메이션의 상세 메뉴에서 **[나누어 사라지기]**를 **터치**한 후 **[<]**를 **터치**하여 편집 화면으로 이동합니다. 영상을 재생하여 애니메이션 효과를 확인합니다.

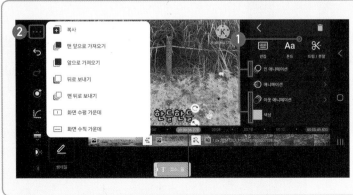

① 편집 메뉴에서 메뉴 옆에 나타나는 붉은점이나 붉은 세로줄은 속성이 적용되었음을 표시합니다.

② [▥] 메뉴는 삽입된 레이어의 복사, 순서 변경, 그리고 화면에서의 위치 변경을 할 수 있습니다.

영상 속에 또 다른 영상 추가하기

Step 01 영상 속에 사진/동영상 추가하기

01 작업 중인 영상에 사진이나 동영상을 추가할 수 있습니다. **사진을 추가할 위치를 재생헤드로 이동하고 [레이어]를 터치합니다.**

02 [레이어] 선택 화면에서 **[미디어(■)]를 터치합니다.**

03 미디어 브라우저에서 **사진이 보관된 앨범을 터치합니다.** 여기서는 '가을의 향기' 폴더를 선택하고 **추가할 사진을 터치한 후 [X]를 터치합니다.**

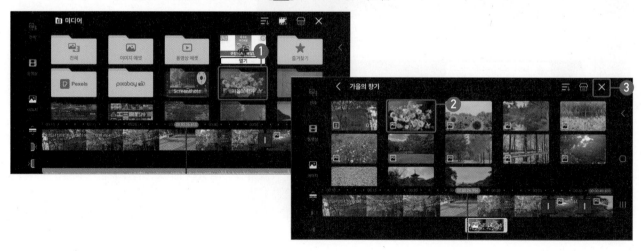

04 선택한 이미지가 미리보기 창의 정중앙에 삽입됩니다. ↘를 **스와이프**하여 크기를 줄인 후 **오른쪽 아래로 스와이프**하여 위치를 이동합니다.

05 타임라인에 추가된 이미지 레이어 클립을 선택하고 삽입하고 싶은 길이만큼 **노란색 조절바**를 스와이프하여 길이를 조절합니다.

 잠깐

사진은 길이를 늘일 수 있지만, 동영상은 촬영한 길이보다 줄이는 것만 가능합니다.

01 크로마키를 적용하기 위해 에셋 스토어에서 크로마키용으로 만들어진 동영상을 다운받 겠습니다. 기본 편집 화면에서 [에셋 스토어(🏠)]를 터치하고 [비디오(▶)]-[크로마키]를 터 치한 후 '장미 꽃잎'을 터치합니다.

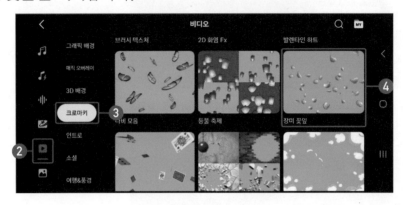

02 장미 꽃잎 화면으로 이동하면 하단의 에셋을 적용한 예시를 살펴본 후 [⬇]를 터치합니다. 다운로드가 완료되면 [<]를 터치하여 편집 화면으로 이동합니다.

 다운받은 '장미 꽃잎' 에셋은 [미디어 브라우저]의 '동영상 에셋' 앨범에 보관됩니다.

03 다운받은 '장미 꽃잎' 에셋을 삽입해 보겠습니다. **동영상에서 미디어를 추가할 부분을 재생 헤드로 이동합니다.**

04 기본 편집 화면에서 [레이어]를 터치한 후 [미디어]를 터치합니다.

05 미디어 브라우저에서 [동영상 에셋] 앨범을 터치하고 [장미 꽃잎] 에셋 4개 중 하나를 터치하여 타임라인에 레이어를 삽입합니다. [X]를 터치하여 기본 편집 화면으로 돌아갑니다.

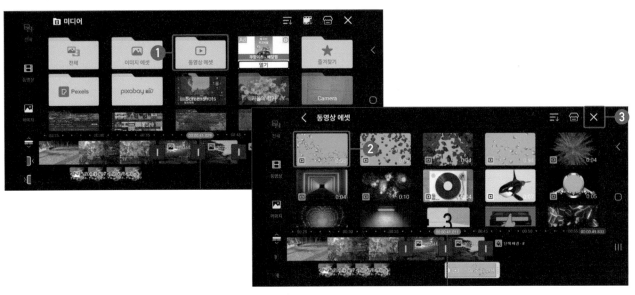

06 삽입된 '장미 꽃잎'을 화면 가득히 채우기 위해 미리 보기 창에서 **두 손가락으로 스트레치**하여 크기를 키웁 니다.

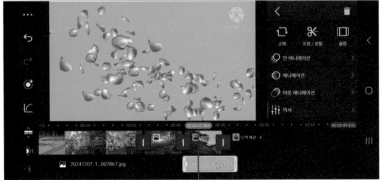

07 타임라인의 장미 꽃잎 레이어를 터치한 후 편집 메뉴에서 [크로마키]를 찾아 터치합니다.

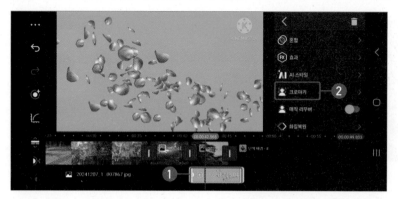

08 크로마키 편집 메뉴에서 '적용'의 [◯]를 터치해 활성화되면 추가한 미디어의 초록색 배경이 제거됩니다. [≺]를 터치하여 마무리합니다.

09 기본 편집 화면에서 [재생(▶)]을 터치하면 초록색 배경은 제거되고 휘날리는 장미 꽃잎 동영상이 원래 동영상과 합성되어 나타납니다.

01 동영상을 불러온 후 텍스트 레이어 두 개를 만들고 다음 〈조건〉처럼 각각 다른 폰트와 효과를 적용해 보세요.

〈조건〉
• 텍스트 레이어 1 : :: 할 수 있다 ::
　　　　　　　　폰트(학교안심 물결), 회전, 프리셋(Simple, 22)

• 텍스트 레이어 2 : 영상촬영편집
　　　　　　　　폰트(학교안심 봄방학), 프리셋(Variety, 12), 코너핀

02 동영상 클립 위에 [미디어 레이어]를 이용하여 다른 동영상을 삽입해 보세요.

 동영상 레이어 편집 화면에서 [크롭]을 선택한 후 마스크를 활성화합니다. 모양을 변경하고 페더값을 24로 설정합니다.

08 효과/스티커 추가하기

- 사진과 동영상 확장자 살펴보기
- 에셋 스토어에서 효과/스티커 다운로드하기
- 영상에 효과/스티커 추가하기
- GIF 카드 만들기

미/리/보/기

동영상에 모자이크, 스케치, 입체 효과와 같은 효과를 줄 수 있고 눈 내리는 스티커, 반짝이

는 스티커, 프레임, 아이콘, 텍스트 라벨 등 다양한 효과도 레이어로 삽입할 수 있습니다. 이

러한 효과나 스티커를 이용하여 영상을 제작하고 GIF 이미지로 저장해 보겠습니다.

01 사진과 동영상 확장자 이해하기

Step 01 확장자란?

확장자란 컴퓨터 파일의 이름에서 파일의 종류와 역할을 표시하기 위해 사용하는 부분입니다. 파일 이름과 확장자는 '.'로 구분합니다. 스마트폰 카메라 앱으로 사진을 촬영하면 파일 이름은 촬영한 날짜, 확장자는 jpg로 구분되어 저장됩니다.

20250227_123.jpg
파일명   확장자

Step 02 사진 확장자 이해하기

❶ BMP : 디지털 이미지를 저장하는 가장 기본적인 파일 형식입니다. 하지만 파일 압축을 하지 않아 용량이 크기 때문에 웹에서는 거의 사용하지 않습니다.

❷ JPG, JPEG : 1,600만 개의 다양한 색상을 표현할 수 있어 고해상도 사진에 적합합니다. 압축률이 지나치게 높거나 편집과 저장을 반복하면 이미지의 질이 떨어지며, 이미지 품질을 조절할 수 있어 파일의 크기 조절이 가능합니다.

❸ GIF : 용량이 적고 256색으로 표현되어 고화질 사진에는 적합하지 않지만, 투명 이미지나 움직이는 이미지를 표현할 수 있어 배너나 애니메이션으로 사용합니다.

❹ PNG : JPG보다 화질은 좋으나 파일 용량이 큰 한계가 있습니다. 배경을 투명하게 저장할 수 있는 파일 형식입니다.

❺ TIF, TIFF : 일반적으로는 업무용 이미지나 도면 등을 사진으로 저장할 때 많이 사용합니다.

잠깐

카메라 앱의 설정에서 HEIF, HEIC와 같은 고화질의 사진 형식을 활성화하면 사진이 JPG로 저장되지 않아 스마트폰에서는 보이지만 Windows 운영체제인 PC에서는 이미지가 보이지 않습니다. 변환 프로그램을 사용해야 PC에서 사용이 가능합니다.

Step 03 동영상 확장자 이해하기

❶ MP4 : 국제 동영상 표준 단체인 MPEG에서 만든 동영상 확장자입니다. 비교적 압축률이 높아 작은 용량으로 좋은 품질의 동영상을 볼 수 있다는 장점이 있습니다. 스마트폰, 태블릿, 노트북에서 많이 사용합니다.

❷ AVI : 마이크로소프트사에서 제작한 윈도우 표준 동영상입니다. 균일하지 않은 품질과 호환성 문제로 최근에는 거의 사용하지 않습니다.

❸ WMV : AVI의 단점이 보완되어 압축률이 높지만, 윈도우가 아닌 다른 운영체제(리눅스나 MacOS)에서는 호환성의 문제가 있습니다.

❹ MOV : 애플에서 개발한 동영상 포맷입니다. 자체 압축률이 우수하며 용량 대비 화질이 뛰어납니다.

02 사진과 동영상 화려하게 꾸미기

Step 01 에셋 스토어에서 효과/스티커 다운로드하기

동영상에 모자이크, 스케치 효과, 노이즈 효과, 모션 등 다양한 특수 효과를 주려면 '효과 레이어'를 이용하고 텍스트 라벨, 프레임, 아이콘 등으로 동영상을 더욱 화려하게 꾸밀 때는 '스티커 레이어'를 이용합니다. 이미 다운받은 무료 에셋은 유료 에셋으로 전환되어도 사용할 수 있지만, 앱을 지우고 새로 설치할 경우 무료로 다운받을 수 없습니다. 에셋 스토어에서 무료로 다운받아 지금까지 작업한 영상에 꾸며보겠습니다.

▶ 효과 에셋 다운로드하기

01 저장된 프로젝트를 선택해 기본 편집 화면으로 이동한 후 **[에셋 스토어( )]를 터치**합니다. **[효과( )]를 터치하고 상단에 [검색( )]을 터치**합니다.

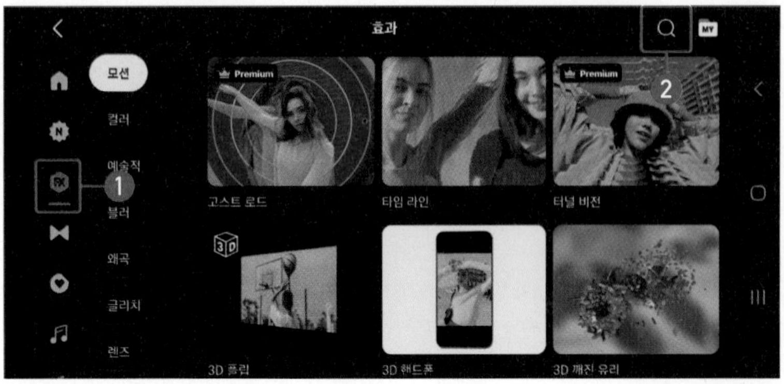

02 검색란에 '모자이크'라고 **입력**하고 글자판의 🔍을 터치하면 관련된 에셋이 나타납니다. 검색된 에셋 중 **[모자이크 흐림]**을 터치합니다.

03 모자이크 흐림 에셋 화면에서 **[⤓]를 터치**하여 다운받은 후 **[〈]를 터치**합니다.

▶ 스티커 에셋 다운로드하기

01 에셋 스토어에서 **[스티커(♡)]를 터치**하고 상단의 **검색란에 '스파클러'라고 입력**하고 글자판의 🔍을 터치합니다. 검색된 에셋 중에 **[스파클러]**를 터치합니다.

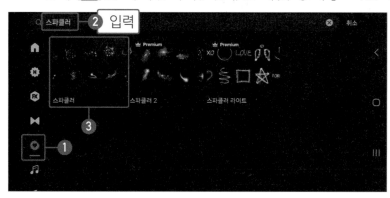

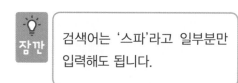
검색어는 '스파'라고 일부분만 입력해도 됩니다.

02 스파클러 에셋 화면에서 [⬇]를 **터치**하여 다운받은 후 [<]를 차례대로 **터치**하여 기본 편
집 화면으로 돌아옵니다.

Step 02 동영상에 모자이크 효과 추가하기

01 기본 편집 화면의 타임라
인에서 **모자이크 효과를 줄**
클립을 스와이프하여 재생
헤드로 이동한 다음 [레이
어]–[효과]를 **터치**합니다.

02 효과 목록에서 [모자이크 흐림]–[모자이크 흐림]을 **터치**하면 미리보기 창의 정중앙에 모자이
크 흐림 효과가 나타납니다.

03 모자이크 효과 하단 오른쪽 모서리의 ⟲를 스와이프해서 크기를 조절하고 원하는 위치로 이동합니다. 효과 레이어를 터치하여 노란색 조절바로 길이를 조절합니다.

 잠깐

효과 레이어 편집 메뉴
- **속성** : 효과의 블록 크기를 설정합니다. 예를 들면 '모자이크' 효과를 적용할 경우 [속성]에서 강도와 블록의 크기를 조절합니다.
- **모양** : 적용되는 효과의 모양을 지정할 수 있으며 페더값을 설정하면 가장자리를 부드럽게 처리할 수 있습니다.

Step 03 동영상에 스티커 추가하기

01 타임라인에서 **스티커를 추가할 클립을 스와이프하여 재생헤드로 이동한 다음 [레이어]를 터치**합니다.

02 레이어 선택 화면에서 [스티커]를 터치합니다.

03 스티커 목록에서 [스파클러]를 터치하면 오른쪽에 스파클러 목록이 나타납니다. 목록 중 하나를 터치한 후 화면 정중앙에 스티커가 나타난 것을 확인합니다.

> 💡 **잠깐**
>
> 에셋을 터치할 때마다 타임라 인에 스티커가 삽입되는데, 잘 못 삽입된 레이어는 삭제해야 합니다. []를 터치하면 레이 어 전체가 보여 삭제하기가 쉽 습니다.

04 추가한 스티커 클립을 터치한 후 위치를 이동하고 타임라인의 스티커 레이어의 조절바를 스 와이프하여 길이를 조절합니다.

완성된 프로젝트에서 [레이어 보기()]를 터치하여 레이어를 살펴보면 추가된 미디어, 오디오(음악/효과음), 음성, 레이어(미디어/효과/스티커/텍스트 등) 클립의 종류에 따라 색상이 다르게 표시되는 것을 알 수 있습니다.

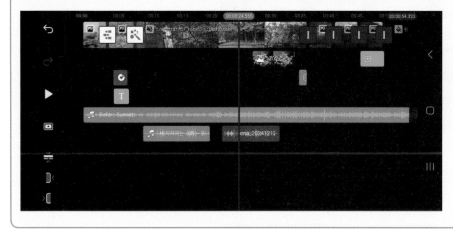

---

03 GIF 카드 만들기

Step 01 이미지 에셋에서 컬러 보드 삽입하기

01 GIF 이미지 형식으로 카드를 만들어 보겠습니다. [새로 만들기]를 터치하고 프로젝트 이름을 '카드만들기'라고 입력합니다. [고급]을 터치하고 [화면 맞추기]를 선택한 후 [만들기]를 터치합니다.

02 미디어 브라우저에서 [이미지 에셋] 폴더를 터치합니다.

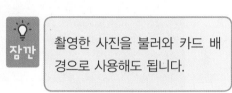

촬영한 사진을 불러와 카드 배경으로 사용해도 됩니다.

03 카드 배경으로 사용할 이미지를 터치한 후 [⊠]를 터치합니다. 타임라인에 이미지가 삽입된 것을 확인합니다.

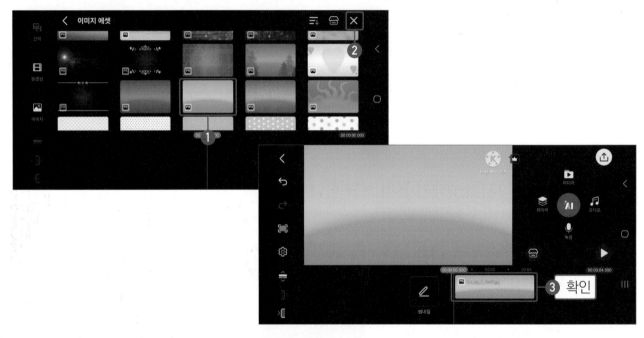

Step 02 스티커/텍스트 레이어 추가하기

---

01 카드 배경 위에 스티커 레이어를 추가해 보겠습니다. **영상의 맨 앞부분을 재생헤드로 이동한 후 [레이어]를 터치하고 [스티커]를 터치합니다.**

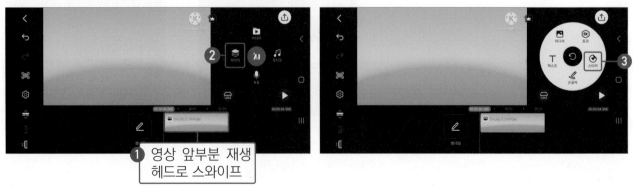

02 '프레임 스티커' 에셋을 다운받기 위해 **편집 메뉴 맨 하단으로 이동**하고 **[더받기]를 터치**합니다.

03 에셋 스토어에서 **[스티커(♥)]를 터치**한 후 **[프레임]-[지그재그 프레임]**을 터치합니다.

04 지그재그 프레임 화면에서 **[⬇]를 터치하여 다운받은 후 [<]를 터치**하여 이전 화면으로 돌아갑니다.

05 스티커 그룹에서 이번에는 **[사랑]을 터치**하고 **[팝핑 하트]**을 터치합니다.

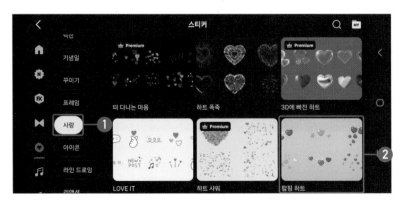

06 팝핑 화트 화면에서 [⌄]를 **터치**하여 다운받은 후 [<]를 **터치**하여 이전 화면으로 돌아갑니다.

07 타임라인에 스티커를 삽입하기 위해 **스티커 레이어 목록 중에 [지그재그 프레임]–[두 번째 프레임]을 터치**하여 스티커 레이어를 추가합니다. **미리보기 창에서 크기 조절 화살표를 스와이프**해 스티커의 크기를 조절하고 이동합니다.

08 스티커 레이어 목록 중에 **[팝핑 하트]–[네 번째 프레임]을 터치**하여 타임라인에 스티커 레이어를 추가합니다. **미리보기 창에서 크기 조절 화살표를 스와이프**해 스티커의 크기를 조절하고 이동합니다.

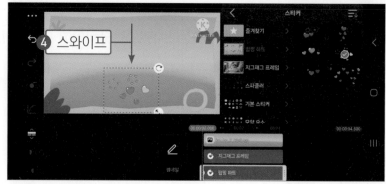

124

효과, 텍스트, 스티커 등의 레이어를 복사해서 여러 번 사용할 수 있습니다. 복사 방법은 먼저 레이어를 선택합니다. 상단에 [■■]를 터치한 다음 [복사]를 터치하면 같은 위치에 레이어가 복사됩니다. 복사된 레이어를 선택하고 크기나 위치를 조정하여 원하는 위치로 이동하면 됩니다.

09 카드 배경 위에 텍스트를 입력하기 위해 **영상의 맨 앞 부분을 재생헤드로 이동시킨 후 [텍스트]를 터치**합니다.

10 텍스트 입력란에 '당신과 함께라서 늘 행복했습니다 사랑합니다'를 세 줄로 나누어 입력한 후 [확인]을 터치합니다.

11 입력된 **텍스트 박스의 크기 조절 화살표를 스와이프**하여 크기를 키우고 화면 중앙에 배치합니다.

12 텍스트의 글꼴을 변경하기 위해 텍스트 레이어 편집 메뉴에서 [폰트(Aa)]를 터치합니다.
[한국어]-[학교안심 봄방학 R]을 터치한 후 [☑]를 터치합니다.

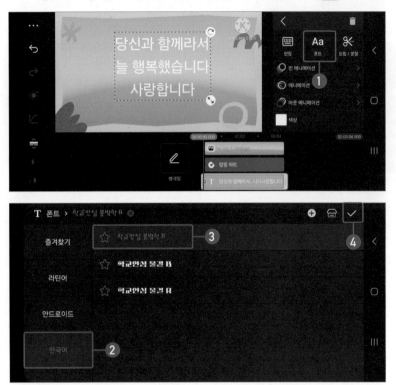

13 텍스트에 미리 다양한 서식이 적용된 [프리셋]을 터치합니다.

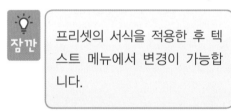

💡 잠깐
프리셋의 서식을 적용한 후 텍스트 메뉴에서 변경이 가능합니다.

14 프리셋 메뉴 중 [Simple]-[06]을 터치합니다. 글자색과 외곽선이 적용된 서식으로 변경된
것을 확인한 후 [<]를 터치하여 기본 편집 화면으로 돌아갑니다.

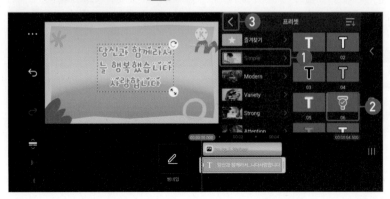

15 기본 편집 화면에서 작업한 영상을 저장하기 위해 **[저장 및 공유(⬆)]를 터치**합니다.

Step 03 · GIF 파일로 저장하기

01 작업한 영상을 GIF 이미지로 저장하기 위해 포맷 옆의 **[▶]를 터치**하고 동영상이 아닌 움직이는 사진으로 저장하기 위해 **GIF 옵션을 선택**하면 [저장 및 공유] 화면으로 돌아옵니다.

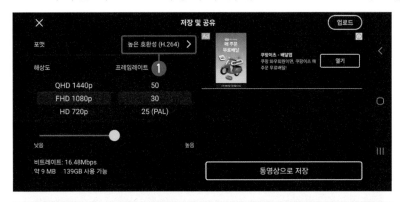

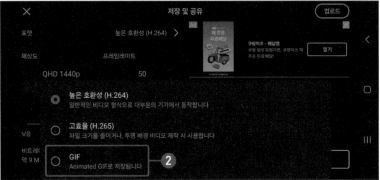

02 해상도는 'GIF 360p', 프레임레이트 '12'로 그대로 두고 **[GIF로 저장]** 터치합니다.

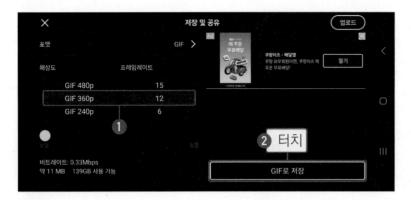

 프레임레이트(Frame Rate)는 1초당 화면에 보여지는 프레임의 수이고 단위는 fps(Frame Per Second)로 표현합니다. 24fps는 영화, 30fps는 뉴스나 드라마, 유튜브 영상은 30fps를 권장합니다.

03 키네마스터 프리미엄 구독을 권하는 광고가 나타나면 **[건너뛰기]**를 터치합니다. 다음 화면에서 '저장 중…'이라는 메시지가 나타납니다. **저장된 GIF 이미지는 [갤러리 앱]–[앨범]– [KineMaster(GIf)]에서 확인합니다.**

 해상도 설정은 최종 영상의 품질에 영향을 미치기 때문에 중요한 부분입니다.

01 작업한 영상에 '글리터' 효과를 적용해 보세요.

 에셋 스토어에서 [효과(FX)]를 터치하고 검색란에 '글리터'를 입력하여 검색합니다. 다운받은 [글리터] 효과 중 '반짝2'를 적용합니다.

02 스티커 레이어를 이용해 벚꽃이 휘날리는 영상을 만들어 보세요.

 타임라인에 사진을 삽입하고 에셋 스토어에서 [스티커(♥)]를 선택한 후 '벚꽃2'를 검색하여 다운받은 후 적용합니다.

09 영상 저장 후 용량 줄이기

- 해상도 알아보기
- 영상 압축의 필요성
- 프로젝트 저장/관리하기
- 영상 저장하기
- 영상 용량 줄이기
- 카카오톡으로 영상 공유하기

미/리/보/기

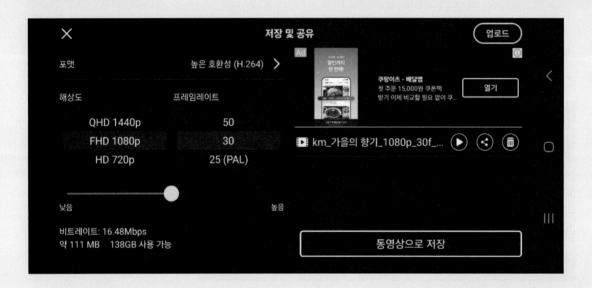

키네마스터에서 영상 편집 작업을 마친 다음 저장 및 공유하는 방법을 알아보고 작업 내역이 저장된 프로젝트를 삭제, 복제, 이름 바꾸기 등의 작업을 해보겠습니다. 영상은 파일 용량의 크기가 커서 저장 공간이 부족하거나 다른 앱으로 공유할 때 업로드 크기를 제한받을 수도 있습니다. 영상의 용량을 줄여보고 카카오톡 메시지에 동영상을 업로드해 보겠습니다.

01 해상도와 영상 압축 살펴보기

Step 01 해상도란?

컴퓨터 화면을 구성하는 최소 단위를 픽셀(화소)이라고 합니다. 화면에 표시된 영상이나 이미지는 점의 형태인 픽셀이 모여 표시됩니다. 예를 들어 영상의 크기가 1920×1080이면 가로 픽셀수가 1,920개, 세로 픽셀수가 1,080개를 의미합니다. 픽셀의 개수가 많을수록 이미지는 선명해지며, 그에 따라 용량은 커집니다. [저장 및 공유]에서 보이는 해상도는 세로 해상도를 기준으로 합니다. 16:9 화면의 동영상 해상도를 알아보겠습니다.

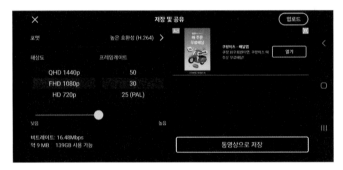

유형	해상도	적용	표준프레임	동영상 전송률
4K (UHD)	3840×2160	영화관	30	44~56Mbps
QHD	2560×1440	TV	30	20Mbps
FHD	1920×1080	PC	30	10Mbps
HD	1280×720	노트북	30	6.5Mbps

❶ 프레임레이트(Frame Rate) : 1초당 화면에 보여지는 프레임의 수를 말하며 단위는 fps(Frame Per Second)로 표현합니다. 24fps는 영화, 30fps는 뉴스나 드라마, 60fps는 스포츠처럼 역동적인 영상에 사용합니다. 유튜브 영상은 30fps를 권장합니다.

❷ 비트레이트(Bitrate) : 초당 처리하는 영상의 크기, 정보의 양을 의미하며 단위는 bps(Bit Per Second)로 데이터의 크기가 클수록 영상의 품질은 좋습니다. 슬라이드바를 오른쪽으로 조절하면 크기가 커지지만, 스마트폰의 용량을 고려해야 합니다.

❸ 업로드 : 키네마스터 회원으로 가입할 경우 공유할 수 있습니다.

움직이는 GIF 파일로 저장하기
키네마스터는 영상 편집 앱이지만 GIF 이미지로도 저장할 수 있습니다. GIF 포맷의 저장 해상도 옵션은 GIF 480p, GIF 360p, GIF 240p가 있습니다.

❶ 압축의 필요성

동영상 파일은 일반적으로 용량이 크기 때문에 큰 저장 공간이 필요합니다. 데이터의 양이 많을수록 저장장치에 효율적으로 저장하기 어렵고, 데이터를 전송하는 데 걸리는 시간도 늘어납니다. 따라서 영상의 용량을 줄여주는 압축 기술이 필요합니다.

❷ 데이터 압축 방법

데이터 압축의 원리는 중복된 데이터를 제거하는 것으로 중복성 제거 기법이라고 합니다.

• **손실 압축** : 중복되고 불필요한 정보의 손실을 허용하고 데이터 양을 줄이는 방법으로 삭제된 데이터가 시각에 미치는 영향은 적지만, 영상의 품질은 낮아집니다. 사라진 데이터 때문에 정확하게 영상을 복원하는 것은 어려우나 불필요한 데이터를 버렸기 때문에 압축 성능은 우수합니다.

• **무손실 압축** : 압축 과정에서 데이터의 손실이 전혀 없어 입력 영상과 복원된 영상이 완전히 같지만, 버린 데이터가 없어 압축 효율은 떨어집니다. 의료 영상, 설계 도면 등 자료가 손실되면 안되는 분야에서 사용합니다.

Step 03 앱을 이용한 데이터 압축

스마트폰으로 촬영한 동영상을 카카오톡으로 친구에게 공유하기도 하고, SNS에 업로드하기도 합니다. 영상을 앱이나 사이트에 업로드할 때 용량 제한이 있는 경우 전송할 동영상의 해상도를 낮춰 용량의 크기를 줄이기도 하고, 파일을 압축해서 용량을 줄이기도 합니다. 그러나 해상도/압출률을 낮추게 되면 화질의 선명도는 떨어집니다.

• 비디오 압축용 앱으로는 비디오 압축기, 동영상 용량 줄이기 등 여러 가지 앱이 있습니다. Play 스토어에서 검색한 후 설치하여 사용합니다.

• 키네마스터 앱에는 저장할 때 여러 가지 해상도 옵션이 있습니다. 해상도를 낮추면 용량이 줄어듭니다.

• 카카오톡 앱에서 동영상을 업로드할 때 일반 화질, 고화질 옵션을 선택할 수 있습니다.

02 편집한 동영상 저장하기

Step 01 프로젝트 저장/관리하기

영상을 편집하는 과정에서 작업 내역을 저장하는 것을 '프로젝트 저장'이라고 합니다. 프로젝트 저장은 완성된 mp4 영상 파일의 일부분을 수정하고 다시 저장할 수 있어 편리합니다. 키네마스터는 따로 프로젝트를 저장하지 않아도 자동으로 저장됩니다.

01 기본 편집 화면에서 [**프로젝트 저장(〈)**]을 **터치**하면 프로젝트 목록들이 나타납니다.

잠깐

저장된 프로젝트 목록은 [수정한 날짜], [생성된 날짜], [이름] 순서로 정렬하여 볼 수 있습니다. 보기 방식을 변경할 때는 [수정한 날짜∨]를 터치한 후 하단에 나타나는 3가지 메뉴 중 원하는 정렬 방식을 선택하면 됩니다.

▶ 프로젝트 이름 바꾸기

[새로 만들기]에서 프로젝트 이름을 입력하지 않으면 연월일 형식으로 이름이 자동으로 부여됩니다. 프로젝트 이름을 바꿔보겠습니다.

01 이름을 입력하지 않고 작업한 프로젝트의 이름을 변경하기 위해 오른쪽에 있는 [···]를 터치한 후 [이름 바꾸기]를 터치합니다.

02 기존 프로젝트 이름을 삭제한 후 새 이름을 입력하고 [✓]를 터치하면 프로젝트 목록에서 이름이 바뀐 것을 확인할 수 있습니다.

▶ 프로젝트 복사

키네마스터에서는 프로젝트가 자동으로 저장되므로 기본 편집 화면을 벗어나면 이전 단계의 프로젝트로 돌아갈 수 없습니다. 이럴 때는 프로젝트를 복사해서 편집하면 편리합니다.

01 프로젝트 목록에서 '가을의 향기'의 [⋯]를 터치한 후 [복제]를 터치합니다.

02 프로젝트 이름을 변경하지 않고 [복제]를 터치하면 '가을의 향기-복사'라는 프로젝트가 만들어집니다.

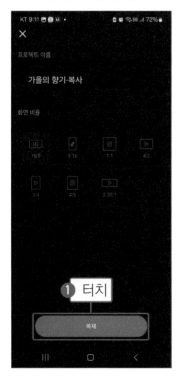 

01 복제한 '가을의 향기–복사' 프로젝트를 삭제해 보겠습니다. '가을의 향기–복사' 프로젝트의 [∙∙∙]를 터치한 후 [삭제]를 터치합니다. '**선택한 프로젝트를 삭제하시겠습니까?**'라는 메시지가 나타나면 [삭제]를 터치해 프로젝트를 삭제합니다.

Step 02 동영상 저장하기

01 영상 편집을 마친 후 저장하기 위해 상단에 [**저장 및 공유(⬆)**]를 터치합니다.

02 저장 및 공유 화면에서 포맷, 해상도, 프레임레이트, 비트레이트 모두 기본값 그대로 두고 **[동영상으로 저장]**을 터치합니다.

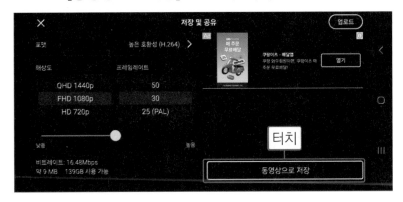

03 키네마스터 프리미엄 구독에 대한 안내 화면이 나타나면 **[건너뛰기]를 터치**합니다. 저장 진행률이 나타나며 저장이 시작됩니다.

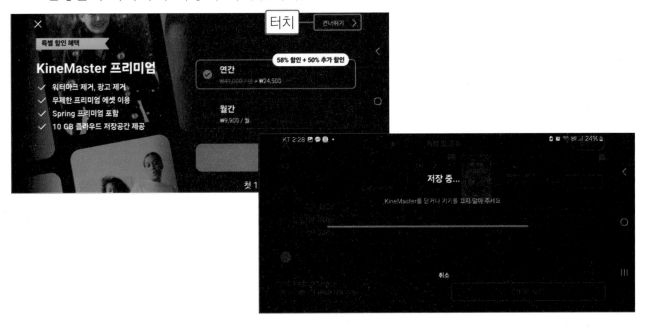

04 저장이 완료되면 광고 창이 나타나고, 광고 창을 닫으면 다시 저장 및 공유 화면이 나타납니다. 오른쪽에 저장된 파일 이름을 확인합니다.

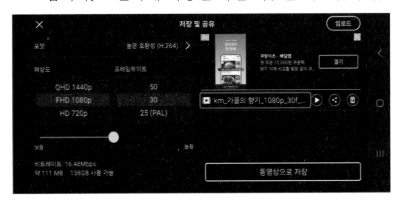

05 저장된 동영상은 갤러리 앱의 [앨범]-[KineMaster]에서 확인할 수 있습니다.

Step 01 키네마스터에서 동영상 용량 줄이기

01 촬영한 동영상이나 편집한 동영상의 용량을 키네마스터에서 줄여보겠습니다. [새로 만들기]를 터치한 후 프로젝트 이름을 '용량줄이기'라고 입력하고 [만들기]를 터치합니다.

02 미디어 브라우저에서 동영상이 들어 있는 앨범을 터치한 후 1920x1080으로 저장된 동영상을 터치합니다.

03 선택한 영상이 기본 편집 화면에 나타나면 [저장 및 공유(⬆)]를 터치합니다.

04 저장 및 공유 화면에서 **해상도**를 'HD 720p'로 설정하고 [동영상으로 저장]을 터치합니다. 구독 안내 화면에서 [건너뛰기]를 터치하면 저장됩니다.

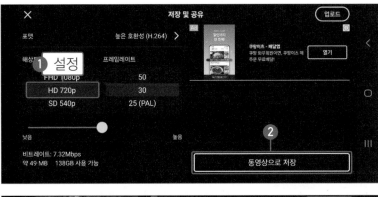

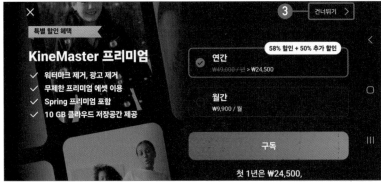

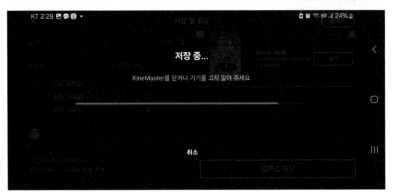

01 갤러리 앱에서 **용량을 줄이고자** 하는 동영상을 터치한 후 [편집(✏️)]을 터치하고 [더보기(⋮)]를 **터치**합니다.

02 [크기 및 형식]을 터치하고 해상도 크기를 'HD(1280x720)'을 선택하고 [완료]를 터치합니다.

03 원본은 그대로 두고 저장하기 위해 **[다른 파일로 저장]**을 **터치**하여 저장합니다.

 동영상의 파일 이름은 '기존파일명_01'로 같은 앨범에 저장됩니다.

저장된 동영상 파일 용량 확인하기

❶ 저장된 동영상의 용량을 알아보기 위해 [갤러리] 앱을 실행하고 [앨범]–[KineMaster]를 터치한 후 용량을 줄인 동영상을 터치합니다. 스마트폰의 종류에 따라 동영상 화면 상단의 오른쪽 [⁝]를 터치하여 [상세정보]를 보거나 하단 중앙의 ⓘ를 터치하면 됩니다. 같은 방법으로 원본 동영상 용량을 알아보고 비교해 봅니다.

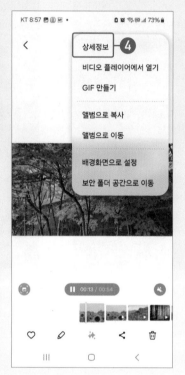

❷ 상세정보에는 촬영 또는 저장한 동영상의 ① 날짜, ② 파일용량, ③ 해상도, ④ 영상 재생 시간, ⑤ 프레임 레이트 등이 나타납니다.

❸ 원본 동영상의 상세정보와 비교해 보면 파일 용량이 1/2 정도 줄어든 것을 확인할 수 있습니다.

▶ 키네마스터 앱에서 공유하기

01 저장이 완료되고 광고 창을 닫으면 저장 및 공유 화면의 오른쪽에 저장된 결과가 나타납니다. 파일명 오른쪽에 **[공유(⊙)]를 터치**하면 공유할 수 있는 앱 목록이 나타나는데 **[카카오톡]을 터치**합니다.

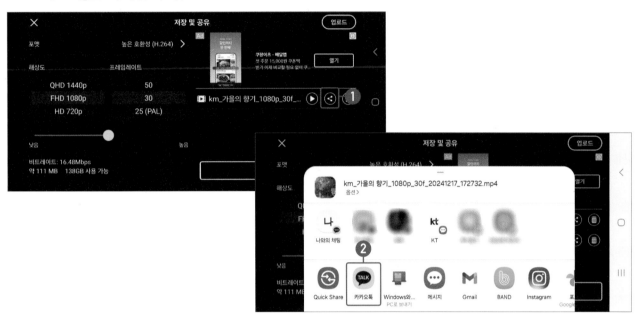

02 공유 대상 선택에서 **[친구]를 터치**하고 공유할 대상의 **[◯]를 터치**한 후 **[확인]을 터치**하면 동영상 파일이 공유됩니다. 카카오톡을 실행해 공유된 것을 확인합니다.

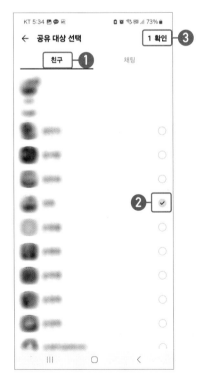

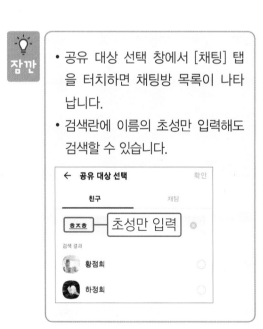

- 공유 대상 선택 창에서 [채팅] 탭을 터치하면 채팅방 목록이 나타납니다.
- 검색란에 이름의 초성만 입력해도 검색할 수 있습니다.

▶ 카카오톡에서 공유하기

01 카카오톡을 실행하고 **공유할 대화상대를 터치**합니다. 카카오톡 **대화 창 하단에 [+]를 터치하고 [앨범]-[전체]를 터치합니다.**

02 [전체보기∨]를 터치하고 [동영상]을 터치합니다.

03 동영상 목록 중에 **공유할 동영상을 선택**하고 **[전송]을 터치**하면 동영상이 전송됩니다.

 카카오톡에서 파일을 전송할 때 최대 300MB까지 가능하며, 동영상이나 사진은 화질을 설정할 수 있습니다. 전송할 동영상을 선택하고 하단의 [...]를 터치한 후 화질 옵션 창이 나타나면 원하는 화질을 설정합니다.

 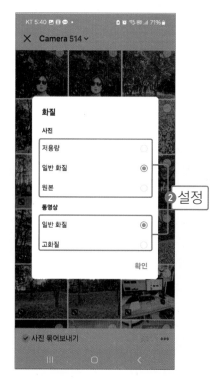

01 스마트폰에서 촬영한 동영상을 갤러리 앱의 [편집]에서 해상도를 720p로 저장한 후 갤러리 앱에서 원본 동영상과 해상도를 낮춘 동영상 파일의 용량을 비교해 보세요.

02 키네마스터에서 작업한 영상을 카카오톡 친구들에게 공유해 보세요.

10 유튜브에 동영상 업로드하기

- 유튜브 알아보기
- 유튜브 시작하기
- 구글 계정 만들기
- 유튜브에 동영상 업로드하기
- 동영상 링크 카카오톡으로 공유하기

미/리/보/기

사용자가 동영상을 올리고 시청하며 공유하는 사이트인 유튜브에 대해 알아보고 동영상을 업로드해 보겠습니다. 동영상을 업로드할 때 상세정보 입력 방법을 알아보고 업로드된 동영상을 카카오톡으로 공유해 보겠습니다.

Step 01 유튜브란?

유튜브(YouTube)는 구글이 서비스하는 동영상 공유 플랫폼으로 전 세계에서 가장 규모가 크며, 2005년 2월에 시작되어 현재까지 운영 중인 웹사이트입니다. 이용자들은 다양한 주제와 내용의 동영상을 시청하고 업로드하여 공유할 수 있습니다.

YouTube라는 이름은 You와 텔레비전의 약칭인 Tube를 합성한 것으로, 당신이 텔레비전이란 의미를 담았다고 합니다. 유명 인사가 아닌 당신도 TV에 나올 수 있다는 아이디어가 이용자들의 참여를 높였다고 볼 수 있습니다. 이용자들은 각자의 채널을 생성하고 자신의 관심사나 재능을 공유합니다. 또한 유튜버들은 수익을 얻기 위해 광고와 협찬 등을 통해 활동하기도 합니다. 유튜브 수익 창출 조건은 구독자 1,000명 이상이고 지난 12개월 동안 공개 동영상의 유효 시청 시간이 4,000시간 이상이어야 합니다.

Step 02 구글 계정 확인하기

유튜브에 촬영 또는 제작한 영상을 올리려면 구글 계정이 있어야 합니다. 안드로이드폰의 경우 구글 계정이 있어야 스마트폰을 개통할 수 있기 때문에 [Play 스토어] 앱이나 [YouTube] 앱에 이미 로그인되어 있습니다. [Play 스토어] 앱의 오른쪽 상단에 [이름]을 터치하면 구글 계정을 확인할 수 있습니다.

유튜브 시작하기

구글 계정은 추가 생성하는데 제한이 없습니다. 단, 단기간에 여러 계정을 생성할 경우 제한이 걸리지만 일정 기간이 지나면 가능합니다. 스마트폰에서 구글 계정이 로그인된 상태이므로 PC에서 추가로 계정을 만드는 방법을 알아보겠습니다.

Step 01 구글 계정 만들기

01 크롬 웹브라우저를 실행해 **구글 사이트(google.com)에 접속**합니다. 오른쪽 상단의 **[구글 앱(▦)]을 클릭**한 후 **[계정(👤)]을 클릭**합니다.

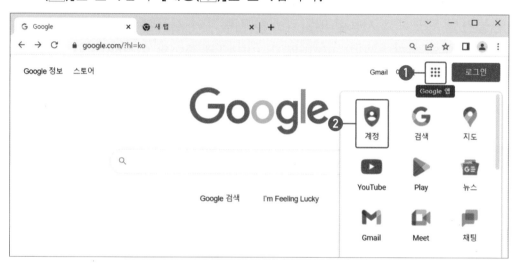

 잠깐
크롬 웹브라우저가 설치되어 있지 않으면 엣지를 실행한 후 주소 표시줄에 google.com을 입력하여 구글 사이트에 접속합니다.

02 오른쪽 상단의 **[계정 만들기]를 클릭**합니다.

03 성과 이름 입력란에 각각 입력하고 [다음]을 클릭합니다. 생년월일과 성별을 입력하고 [다음]을 클릭합니다.

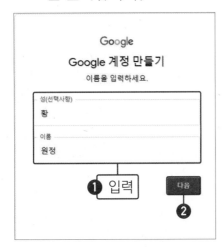 

04 '내 Gmail 주소 만들기'를 체크하고 사용할 메일 주소를 입력하여 사용할 수 있는 메일 주소임을 확인한 후 [다음] 버튼을 클릭합니다. 비밀번호와 비밀번호 확인을 입력한 후 [다음]을 클릭합니다.

05 복구 이메일을 추가하는 화면이 나타나면 [건너뛰기]를 클릭합니다.

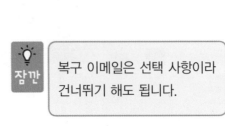

복구 이메일은 선택 사항이라 건너뛰기 해도 됩니다.

06 본인의 **휴대전화 번호를 입력**하고 [다음]을 클릭한 후 전화번호 인증 화면이 나타나면 [보내기]를 클릭합니다. 휴대전화로 받은 **6자리 인증번호를 인증코드 입력란에 입력**한 후 [확인]을 클릭합니다.

 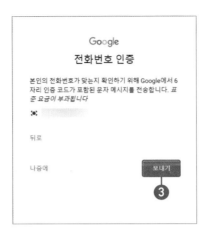 

07 전화번호 활용을 묻는 화면이 나타나면 [건너뛰기]를 클릭합니다. 계정 정보 검토 화면에서 **메일주소와 휴대전화 번호를 확인**한 후 [다음]을 클릭합니다. 개인 정보 보호 및 약관에서 스크롤바를 내려 '**구글 서비스 약관**', '**개인정보 및 위치서비스**' 등에 동의하는 항목을 체크한 후 [**계정 만들기**]를 클릭하면 가입이 완료됩니다.

유튜브에 동영상 업로드하고 공유하기

Step 01 동영상 업로드하기

01 스마트폰에서 유튜브 앱을 실행합니다. 하단의 [**+**]를 터치한 후 [동영상]을 터치합니다.

02 액세스 허용 창이 나타나면 [액세스 허용]을 터치합니다. 사진과 동영상에 액세스를 허용하겠냐는 창이 나타나면 [허용]을 터치하고 [앱 사용 중에만 허용]을 터치합니다.

03 업로드할 **동영상을 터치**하면 동영상이 재생됩니다. 하단의 **[다음]**을 터치합니다.

- 유튜브에서 동영상을 업로드할 때 60초 이하이거나 가로세로 비율이 정사각형(1:1) 또는 세로(9:16) 형태일 경우 Shorts 영상으로 업로드하는 것을 추천합니다.
- 업로드할 때 채널명을 수정하지 않으면 기본적으로 가입한 이름으로 되어 있습니다.

04 세부정보 추가에서 **[제목]**을 터치하고 동영상 제목을 입력합니다. 그리고 **[설명 추가]**를 터치하여 내용을 입력한 후 **[←]**를 터치합니다.

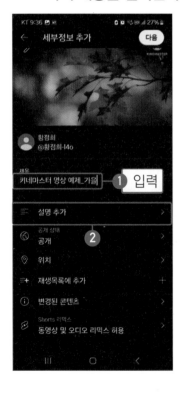

05 업로드할 동영상의 공개 상태 설정을 위해 **[공개]를 터치**합니다. **교재에서는 연습용으로 올리는 영상이므로 옵션에서 '일부 공개'를 터치하고 [←]를 터치**하여 이전 화면으로 돌아갑니다.

업로드 동영상 공개 상태

• **공개** : 모든 사용자가 검색하고 볼 수 있음

• **일부 공개** : 링크가 있는 모든 사용자가 볼 수 있음

• **비공개** : 내가 선택한 사용자만 볼 수 있음

06 섬네일을 추가하기 위해 [🖉]를 터치한 후 **이미지를 찾아서 터치**합니다.

섬네일은 유튜브에서 영상을 대표하는 이미지로, 시청자의 클릭을 유도하는 데 큰 역할을 합니다. 내용을 잘 표현하면서도 명확한 이미지, 큰 텍스트, 강렬한 색상, 표정이 드러나는 인물 사진 등이 시청자의 감정적인 반응을 끌어내 클릭을 유도할 수 있습니다.

07 세부정보 추가에서 **편집이 끝나면 [다음]을 터치한 후 시청자층 선택에서 '아니오, 아동용이 아닙니다.'를 선택한 후 [동영상 업로드]를 터치**하여 업로드합니다.

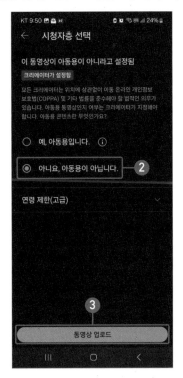

08 업로드한 동영상은 유튜브 홈 화면 [내 페이지]에 업로드 진행 표시가 나타나고 완료되면 터치한 후 [내 동영상]을 터치하면 업로드된 결과를 확인할 수 있습니다.

잠깐

채널 만들기

채널 이름은 구글에 가입할 때의 이름으로 설정되어 있습니다. 채널 이름은 독창적이고 쉽게 기억할 수 있는 이름으로 만드는 게 유리하며, 14일 동안 두 번 변경할 수 있습니다.

❶ 유튜브 홈 화면의 오른쪽 하단에 [내 페이지]을 터치하고 [채널 보기]–[동영상 관리(✏️)]를 터치합니다.

❷ [이름]을 터치해 채널 이름을 입력하고 [저장]을 터치합니다. 이름이 수정된 것을 확인하고 [←]를 터치하여 이전 화면으로 돌아갑니다. 추가로 채널의 설명, 공개 범위 설정, [📷]를 터치하여 프로필과 채널 아트의 이미지를 삽입할 수 있습니다.

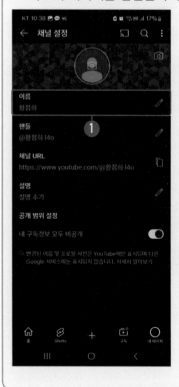

[내 동영상]에서 업로드한 동영상의 [⋮]를 터치하면 다른 앱으로 [동영상 공유] 및 세부정보 추가의 내용을 [수정], 업로드한 동영상을 [삭제]할 수 있습니다.

Step 02   동영상 링크를 카카오톡으로 공유하기

01 유튜브 홈 화면에서 [내 페이지]을 터치하고 [내 동영상]을 터치한 후 공유할 동영상을 터치합니다.

3 공유할 동영상 터치

02 동영상 재생 화면에서 [공유]를 터치한 후 공유 가능한 앱이 나타나면 [카카오톡]을 터치합니다.

03 공유 대상 선택에서 [친구] 탭을 터치하고 공유할 친구를 터치한 후 [확인]을 터치하면 공유됩니다.

> 💡 **잠깐**
>
> 동영상 재생 화면이 아닌 [내 동영상] 목록에서도 공유할 수 있습니다. 공유할 동영상의 오른쪽 [⋮]를 터치하여 [동영상 공유]를 이용해도 됩니다.
>
>

01 유튜브 앱에서 하단의 ➕를 터치한 후 Short를 선택하면 쉽게 1분 미만 동영상을 업로드할 수 있습니다. 직접 촬영을 시작한 후 정지 버튼 눌러 촬영을 마친 다음 편집하지 않고 업로드해 보세요.

02 유튜브에서 관심 있는 주제의 영상을 검색한 후 카카오톡으로 공유하고 채널을 구독 신청해 보세요.

 유튜브 채널 이름 옆에 [구독]을 터치하면 구독 중으로 변경됩니다.

할 수 있다!

스마트폰을 활용한 영상 촬영 편집 with 키네마스터

초 판 발 행	2025년 04월 10일
발 행 인	박영일
책 임 편 집	이해욱
저 자	황점희
편 집 진 행	염병문
표 지 디 자 인	김도연
편 집 디 자 인	김지현
발 행 처	시대인
공 급 처	(주)시대고시기획
출 판 등 록	제 10-1521호
주 소	서울시 마포구 큰우물로 75 [도화동 538 성지 B/D] 6F
전 화	1600-3600
홈 페 이 지	www.sdedu.co.kr

I S B N	979-11-383-9073-6(13000)
정 가	12,000원

시대인은 종합교육그룹 (주)시대고시기획 · 시대교육의 단행본 브랜드입니다.